ミネルヴァ日本評伝選

後世まで清き名を残したく候

和宮

辻 ミチ子著

ミネルヴァ書房

刊行の趣意

「学問は歴史に極まり候ことに候」とは、先哲荻生徂徠のことばである。

歴史のなかにこそ人間の智恵は宿されている。人間の愚かさもそこにはあらわだ。この歴史を探り、歴史に学んでこそ、人間はようやくみずからの正体を知り、いくらかは賢くなることができる。新しい勇気を得て未来に向かうことができる。徂徠はそう言いたかったのだろう。

「ミネルヴァ日本評伝選」は、私たちの直接の先人について、この人間知を学びなおそうという試みである。日本列島の過去に生きた人々の言行を、深く、くわしく探って、そこに現代への批判を聴きとろうとする試みである。日本人ばかりではない。列島の歴史にかかわった多くの異国の人々の声にも耳を傾けよう。

先人たちの書き残した文章をそのひだにまで立ち入って読み、彼らの旅した跡をたどりなおし、彼らのなしとげた事業を広い文脈のなかで注意深く観察しなおす——そのとき、はじめて先人たちはいまの私たちのかたわらによみがえってくる。彼らのなまの声で歴史の智恵を、また人間であることのよろこびと苦しみを、私たちに伝えてくれもするだろう。

この「評伝選」のつらなりのなかから、列島の歴史はおのずからその複雑さと奥ゆきの深さをもって浮かび上がってくるはずだ。これを読むとき、私たちのなかに新たな自信と勇気が湧いてきて、その矜持と勇気をもって「グローバリゼーション」の世紀に立ち向かってゆくことができる——そのような「ミネルヴァ日本評伝選」にしたいと、私たちは願っている。

平成十五年（二〇〇三）九月

上横手雅敬
芳賀　徹

皇女和宮親子内親王像（東京都港区芝・増上寺蔵）

皇女和宮降嫁のパロディ
歌川芳虎筆「時参下計狐嫁入見図」（国立歴史民俗博物館蔵）

草津宿昼食の再現（草津宿街道交流館提供）

徳川家茂（徳川記念財団蔵）

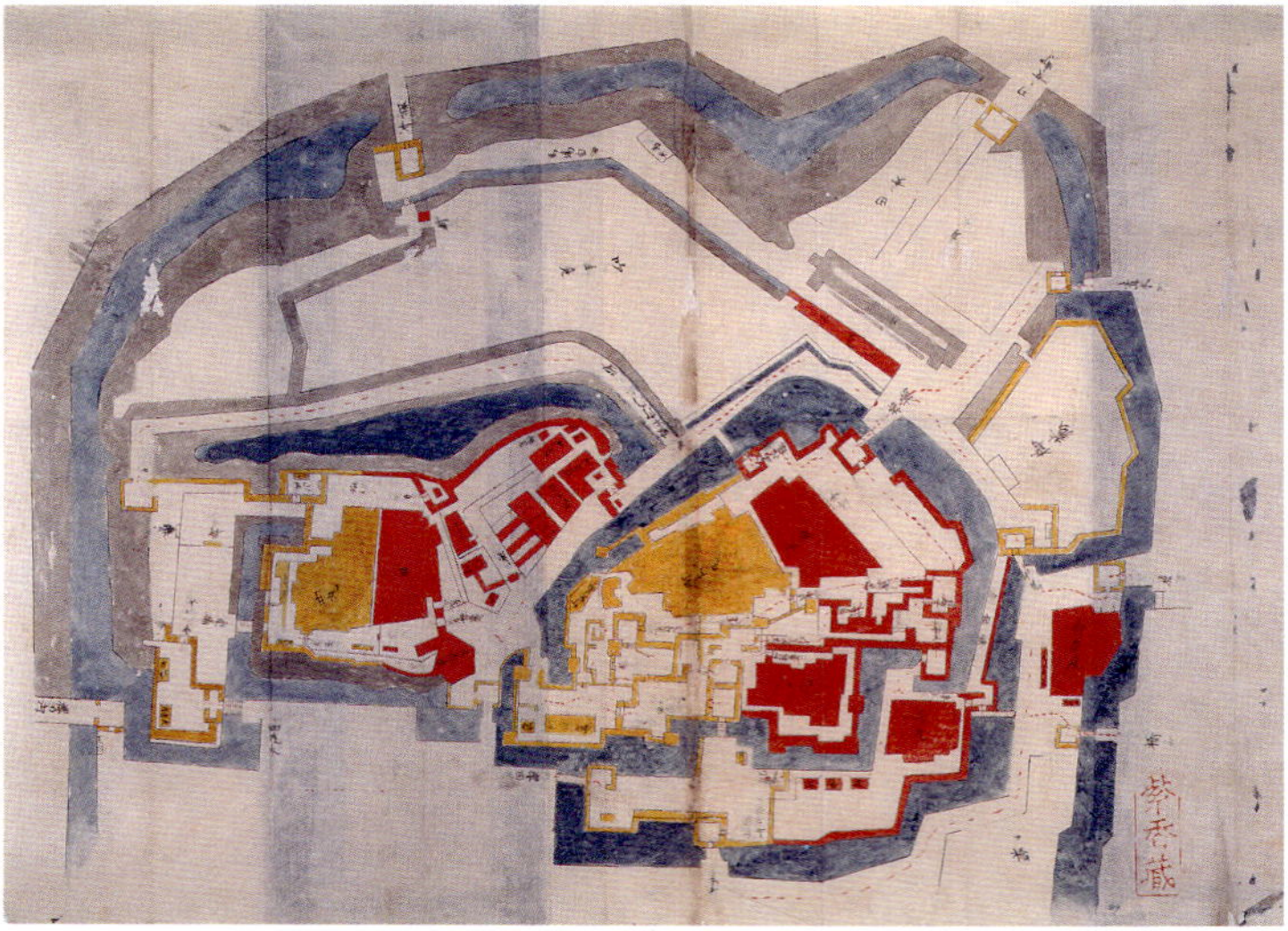

「江戸城内郭絵図（惣廓御内之図）」（江戸東京博物館蔵）　右手中央が本丸大奥。

静寛院和宮墓碑（増上寺境内）

徳川家茂墓碑（増上寺境内）

はじめに

和宮（かずのみや）といえば、東京の芝増上寺（しばぞうじょうじ）に安置される銅像が知られる（口絵1頁参照）。正装をした宮はもの静かに、少し伏目がちにずっと遠くを見すえているような気がする。その先に日本の未来が見えているのであろうか。小柄で病弱な宮は、本人の意志ではどうしようもない皇女という生れ育ちのなかで、激動の幕末維新期に身をおいてきた。その宮の生きざまに、いろいろな視点から接してみたいと思うものである。

私は京都大学人文科学研究所の日本文化研究班に一時期参加することができ、故飛鳥井雅道名誉教授や、佐々木克名誉教授の班長のもとで、明治維新史や文化史を学ぶことができ、維新研究に興味をもつようになった。そこへ評伝和宮執筆のお話をいただき、自分なりに和宮について考えることにした。

和宮については武部敏夫氏による名著『和宮』（吉川弘文館）がある。皇女和宮の一個人として経験した苦しみや、苦しみを克服するための努力など、宮の事蹟を正しく伝えるために、「既成の評価や印象にかかわりなく、できるだけ和宮の心象（しんしょう）に則して、その事蹟を観察し、叙述するように努めるともに、一代の事蹟を通観するように試みてみた」という。
また近年、和宮が下向(げこう)した中山道の宿場ごとに幅広く大量の史料が整理・保存されているのが、各地域に建設された資料館や博物館で、和宮の道中に関わって展覧会が開催され図録も発行されて、多くの見学者を迎えている。和宮は庶民に親しまれる身近な存在にもなってきていて、現代の人々に現代的な和宮像ができているように聞く。武部『和宮』の業績に導かれ、庶民に親しまれる和宮を追っていきたいと思う。

徳川幕府の崩壊のなかに身を置き、「朝敵」の汚名を蒙むるその渦中で、徳川宗家の存続という重責を果した和宮。彼女が、帰京して念願の父仁孝(にんこう)天皇の霊廟を参拝した、明治二年の和宮の最終章の歩みを序章にとりあげ、第一章から順を追って、誕生からの人生を宮中の年中行事のなか、仕来りに従ったなかで成長する宮の幼少期からを綴っていくことにする。

勝海舟が『海舟余波』に、大奥にはいったばかりの和宮のエピソードを書いている。「或る時、浜御殿へ、天璋院(てんしょういん)と、将軍と、和宮と三人でいらしたが、踏石の上に、どういうものか、天璋院と和宮の草履(ぞうり)をあげて、将軍のだけ下に置いてあったよ。天璋院は、サキに降りられたがネ、和宮は、これを見て、ポンと飛んで降りて、自分のを除(よ)けて、将軍のを上げて、辞儀(じぎ)なすッたそうで。」と。この可愛らしい和宮が、「御一新の時でも、和宮を奉じて騒ごうとしたものがあるが、宮が泰然としていらして、少しも心配はなかッたよ。」といわれる静寛院宮に成長していた。

管見にして和宮の全体像に迫っていないことを自覚しつつも、筆を進めることにしたい。

和宮——後世まで清き名を残したく候　目次

図版写真一覧

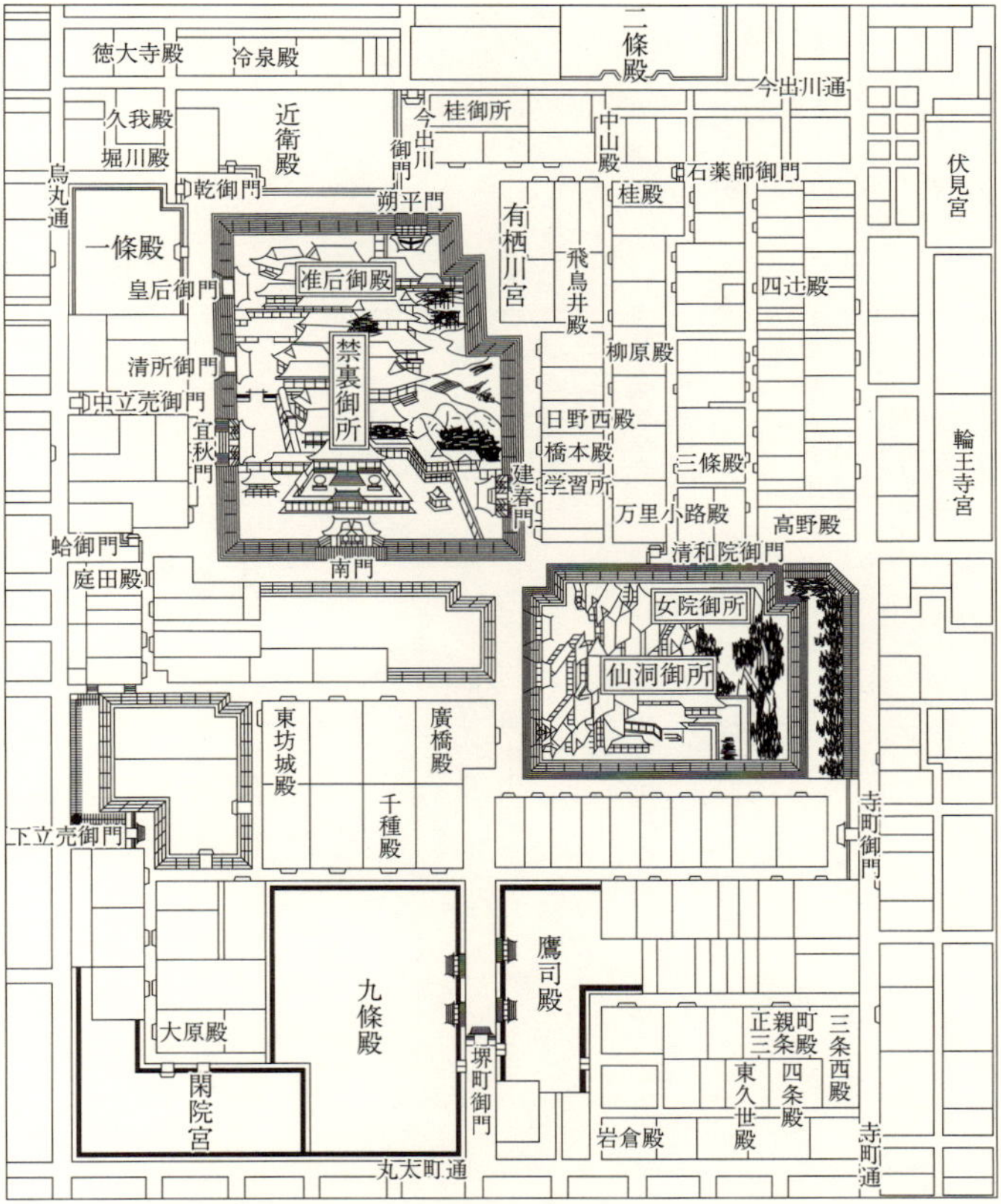

禁裏御所周辺図（「校正内裏再覧之図」元治元年，より作成）

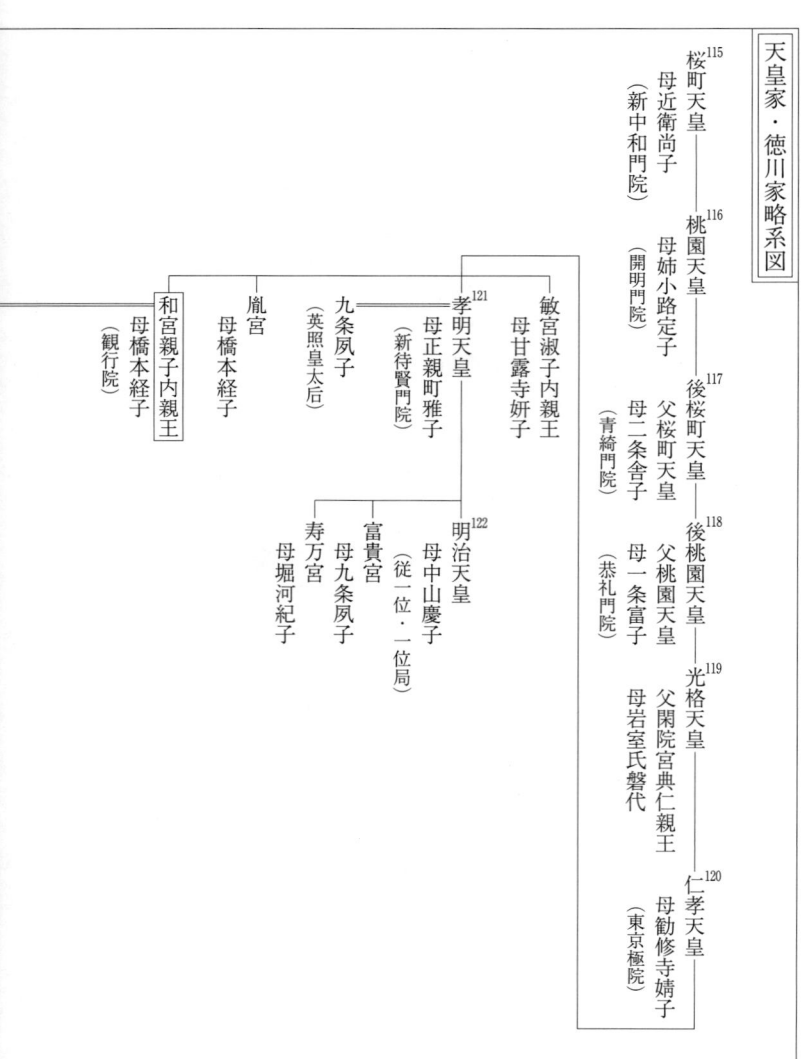

天皇家・徳川家略系図

- 桜町天皇[115]　母近衛尚子（新中和門院）
  - 桃園天皇[116]　母姉小路定子（開明門院）
    - 後桜町天皇[117]　父桜町天皇　母二条舎子（青綺門院）
      - 後桃園天皇[118]　父桃園天皇　母一条富子（恭礼門院）
        - 光格天皇[119]　父閑院宮典仁親王　母岩室氏磐代
          - 仁孝天皇[120]　母勧修寺婧子（東京極院）
            - 敏宮淑子内親王　母甘露寺妍子
            - 孝明天皇[121]　母正親町雅子（新待賢門院）
              ＝九条夙子（英照皇太后）
              - 明治天皇[122]　母中山慶子（従一位・一位局）
              - 富貴宮　母九条夙子
              - 寿万宮　母堀河紀子
            - 胤宮　母橋本経子
            - 和宮親子内親王　母橋本経子（観行院）

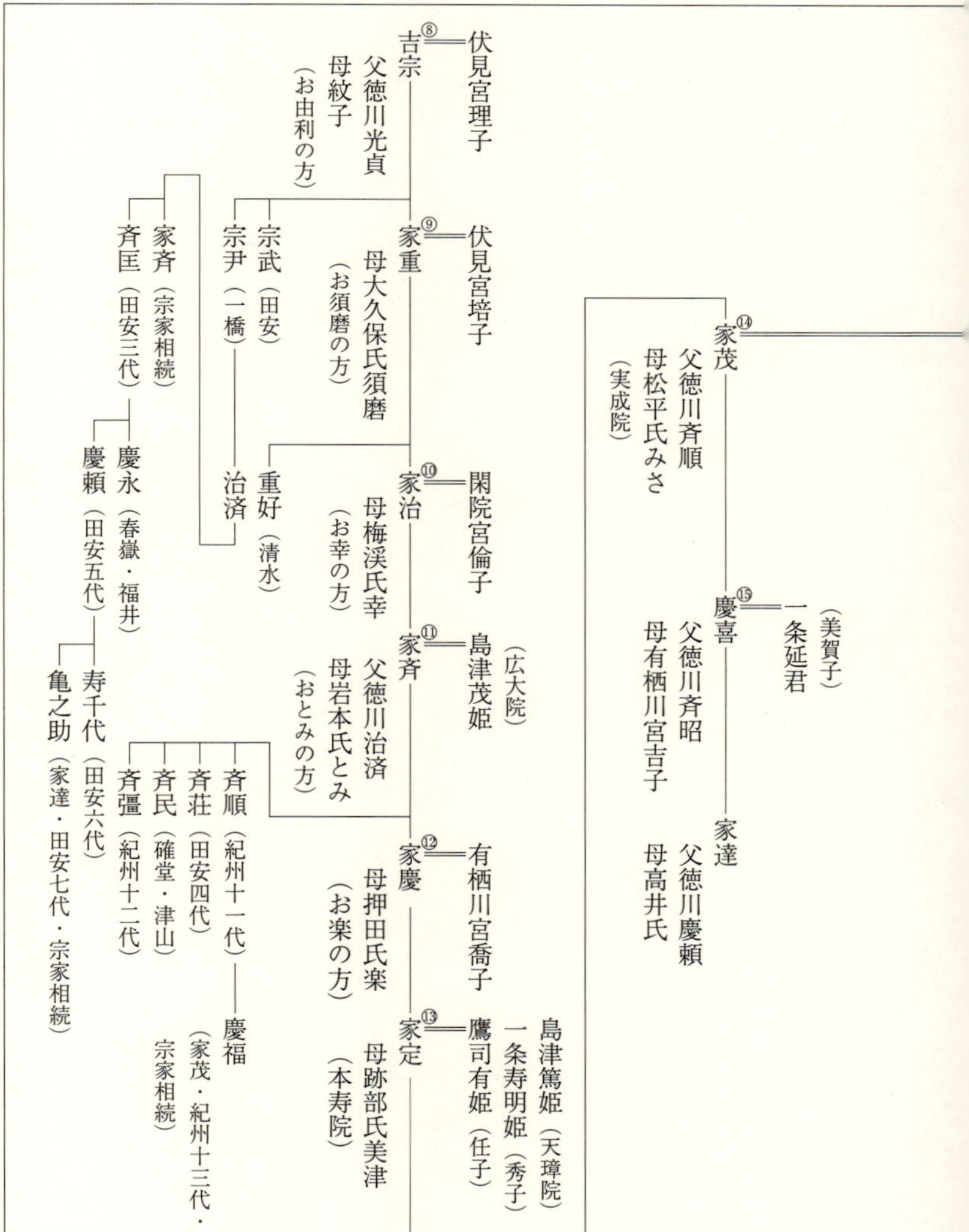

⑧吉宗
伏見宮理子
父徳川光貞
母紋子（お由利の方）
⑨家重
伏見宮培子
母大久保氏須磨（お須磨の方）
宗武（田安）
宗尹（一橋）
家斉（宗家相続）
斉匡（田安三代）
⑩家治
閑院宮倫子
母梅渓氏幸（お幸の方）
重好（清水）
治済
慶永（春嶽・福井）
慶頼（田安五代）
⑪家斉
島津茂姫（広大院）
父徳川治済
母岩本氏とみ（おとみの方）
寿千代（田安六代）
亀之助（家達・田安七代・宗家相続）
⑫家慶
有栖川宮喬子
母押田氏楽（お楽の方）
斉順（紀州十一代）
斉荘（田安四代）
斉民（確堂・津山）
斉彊（紀州十二代）
慶福（家茂・紀州十三代・宗家相続）
⑬家定
鷹司有姫（任子）
一条寿明姫（秀子）
島津篤姫（天璋院）
母跡部氏美津（本寿院）
⑭家茂
父徳川斉順
母松平氏みさ（実成院）
⑮慶喜
一条延君（美賀子）
父徳川斉昭
母有栖川宮吉子
家達
父徳川慶頼
母高井氏

序章　静寛院宮和子の帰京

仁孝陵参拝

明治二年（一八六九）一月十八日、夫を亡くした静寛院宮が二度の大役を見事に果たして帰京の途につき、東海道を西上して二月三日に入京した。十六歳で都を後にした宮は二十四歳になっていた。翌日、上臈土御門藤子が御礼の使者として参内すると、帰京していた岩倉具視から、宮が「京都に住む」と仰せられるかどうか尋ねられたが、返答にしばらく猶予を願わなければならないほど、東京にも京都にも、また世論をも気遣わなければならない帰京であった。

静寛院宮はとりあえず聖護院の御殿に入り、雨のなか二十四日に参内して、明治天皇と対面し、ついで皇后とも対面した。天皇には昨年十一月一日に東京で対面していて、宮の上京の段取りが進められ、幼馴染で甥にあたる明治天皇の心遣いが嬉しかったものだった。

京都に着けば、宮の悲願である父君仁孝天皇の御陵の拝参が日程にのぼる。しかし、二十五回忌が来年になるので、まずは二月三十日に泉山陵（泉涌寺東方の泉山に葬られている陵墓群）の拝参と決った。

聖護院（京都市左京区）

明治天皇（宮内庁蔵）

その日は晴天で、山陵に参拝して玉串を捧げ、泉涌寺（せんにゅうじ）「霊明殿」の歴代天皇の御廟にも拝参した。そして、宮が明年の仁孝天皇法会まで京都に逗留することが徳川家に知らされ、五月十九日に宮の京住の沙汰があり、聖護院の屋敷を栄（えい）御殿と称することになった。

明治三年一月二十五日、早朝は晴れていたが折々に雨の降る日になった。午（うま）刻（正午頃）、静寛院宮は伯父橋本実麗（さねあきら）につき添われ、東山（ひがしやま）の泉涌寺へ向かって出立した。

泉涌寺と後月輪陵　山下真奈画

ことしはふたとせあまり五年に当らせ給ひぬれは
東山泉涌寺へまかりて
みさゝきへ詣つる道のほと　雨ふり出けれは
ほしあへぬ袂（たもと）をなほもぬれよとや　折しり
かほにふれる春雨
春雨も折しりかほにふりいてゝ　袂はなほも
ぬれまさりぬる
　みさゝきをふしおかみて
哀そと見ませすへ神ませし世の　御影（みかげ）をたに
もしらぬうき身を
袖におく涙のつゆにうつしませ　あふかまほ
しと恋る御影を

宮の「詠草」である。仁孝天皇の後月輪陵（のちのつきのわ）に参拝して、御廟、御尊牌殿（そんぱい）へ参った宮は方丈（ほうじょう）へ戻った。和宮の徳川家への降嫁（こうか）が政治日程にのぼると、宮の仁孝天皇陵拝参の期日が常に政局がらみの問題になったが、やっとここに拝参が実現したのであった。

それにつけても、母を思い出す。和宮を庇護し、常に側についていてくれた母観行院（橋本経子）はすでに亡く、芝増上寺に葬られている。

何くれとつかふまつれる人を見るにも　たらちめの今もあらはかゝるらんと思ひ出てゝ　過し秋の哀もとり出て　涙の忍ひかたきをねんして

たらちめを猶しのふかなもろともに　つかへし人を見るにつけても

はゝそ葉の散し秋さへ思ひ出て　一方ならす袖はぬれける

父君の御陵に詣でた喜びは、ただちに苦楽を共にした母への想いにつながる宮であった。

車駕東遷

この時期、明治天皇も皇后も京都を去って東京を御所としていた。天皇がいったん京都へ帰ってきた時、新政府は次の東幸を期して太政官を東京へ移すことを決定していて、京都府は、人心の動揺を防ぐ対策を練っていた。平安時代からの都を自負する京都の人びとにとって、車駕東遷は納得できなかった。そこで、京都府は京都を代表する人々に御所南門の外から紫宸殿の遙拝を許し、町々へ酒肴を下して天皇の帰洛を奉祝させた。そして、三月二日には下賜された酒杯（御土器）を町内ごとに頒布した。しかし、三月七日晴天のなか天皇は「御出輦」、京都は「西京」となっていった。

それでも町の人々は、皇后の行啓（ぎょうけい）がなければ遷都ではあるまいと一縷（いちる）の望みをもとうとしたが、行啓の準備は進んでいた。九月二十三日静寛院宮は皇后のもとへ招かれ、御重（おじゅう）、御肴（おさかな）で一献賜わった。送別の儀式であった。これより先の九月四日、この日も晴天だったが、京都は朝からただならぬ気配になった。紋付、羽織袴の男性が、町組の旗を持って御所石薬師門（いしやくしもん）前に集まって来た。その数は千人ほど、下を向いて黙々と御所の廻りを歩き出した。石薬師門は桂宮邸の南東にある御門である。

洛西では、「御千度（おせんど）」と称して北野天満宮に集まり、ぐるぐると神社の廻りを歩き始め、その数は多くなっていった。この行動は江戸時代、民衆が幕府に反発して行なった示威行動であった。しかし、それはすなわち朝廷への請願行動でもあったから、この時は行啓を止めたいという意思表示になったのである。これには兵部省も弾正台（だんじょうだい）（非違（ひい）を糾弾（きゅうだん）する官庁）も驚き、京都府は必死で「御さとし」を行って、やっと町々の動きは静まったのである。

十月四日夜、雨だったのに東山智積院（ちしゃくいん）内の土佐藩下陣で火薬が爆発した。大筒が鳴り響いたような大音に、市中は大いに驚いたが、類焼はなく夜が明けた。五日、この日も雨だったが、皇后の輿（こし）は東京へ向かって出発した。その日、静寛院宮は栄御殿で知らせを聞いたのだった。

都への思い

さて、静寛院宮は関東下向後、初めて帰洛しての新年を詠んでいた。都は、それはそれは宮の心を慰めてくれた。

都の春にあへるかしこさを

めくみある御代（みよ）にひかれてあつさ弓　都の春に逢ふそうれしき
いつよりもわきて心の長閑（のどか）さは　みやこの春にあへはなるらん

明治天皇・皇后両陛下が東幸してしまった京都であっても、静寛院宮は京都にいることが心より嬉しかった。江戸城大奥に住まっていて何が苦しかったかといえば、御所でのように身を浄め慎んで、穢（けが）れを避ける日々を暮したかったのが、江戸の生活は「御所風（ごしょふう）」にはほど遠いものだったことである。

二日　あつまにて三日のうちいむ（忌）てふ言葉をいはしとて忍へるを
くるしきに忍ふもをかし今日あすは　いむてふことをいはし物をと
ともすれはうち出ぬめり忘れては　いむてふ言を忍ひあへすも

だがもう大丈夫、京都へ帰っているのだから、とつくづく思えるのであった。

孝明天皇は崩御（ほうぎょ）してしまったが、京都には姉にあたる桂宮淑子（すみこ）内親王（敏宮（ときのみや））が桂宮邸に住んでいる。桂宮邸が空（あき）御殿になっていた時、静寛院宮が住んで、この屋敷から関東へ下ったのだった。思えば朝廷と幕府の関係保持のため、皇女降嫁の調略があった際に、将軍徳川家茂（いえもち）の御台所（みだいどころ）候補に敏宮淑子内親王もあがったが、当時十四歳の家茂に三十一歳の敏宮では年齢の差が大きく、結局、静寛院宮に白羽の矢が立ったのである。

敏宮は仁孝天皇の第三皇女で、天保十一年（一八四〇）に閑院宮愛仁親王と婚約したが、天保十三年に親王が薨去してしまった。ところが幕府は縁組治定の年から年々御化粧料を進上しており、それは親王薨去後も文久二年（一八六二）敏宮の桂宮相続まで続いていた。慶応二年（一八六六）には一品・准后宣下を受けていて、女御としての座位が高くなっている敏宮ではあるが、母、兄、そして夫家茂も失った静寛院宮には、懐かしい幼少の頃以上に親わしく思われた。

一品の宮は　はたとせ近く成給ふまてそひ奉り給へば　其世のこともおほし出し給ひて　したひつゝかつはなくさめ給ふらめと　夢にも知らぬ身のはかなさを思ひつゝけて

おしはかり忍ふもかなし夢にたに　見ぬ世のはるのけふの昔を

思ひ出はなくさまましを夢にたに　ませし世しらぬうき身悲しも

京都へ着いてからの静寛院宮は、桂宮（敏宮）が一番の心の支えであった。帰京早々の三月一日、明治天皇の眉拭の儀が行われた。桂宮、静寛院宮はそろって参賀して賀品を献じ、お返しに真綿と鮮魚を賜わった。久しぶりの宮廷行事への参加であった。眉拭の儀とは、幼児には眉に黛を施して八字眉にしていて、十五歳の元服にあたって引眉に改め、十八歳で引眉を止めて自然の眉にする、その儀式である。それからの静寛院宮は折々に桂御所に伺ったり、また、宮中行事について尋ねたりした。たとえば、御火焚の祝は現在も行われているか、涅槃会には涅槃絵を掛けるのかなどと最近の行事の様子を理解しようとした。桂宮も静寛院宮を労(ねぎら)って暑中見舞いに桂飴(かつらあめ)を贈ったり、「寄さかな(肴)」を届けたりして親交を深めていった。ついでながら、神功皇后(じんぐう)ゆかりの伝説をもつ桂飴は中世以来好まれてきた飴で、大和一国を商業圏にして、年始には桂飴をもって京都所司代へ礼に出ていた。朝廷、公家社会でも桂飴が贈答品になっていたことが知られる（『寧府紀事』）。

栄御殿のある聖護院の南方には、聖護院村の畑地を拓いて旅籠(はたご)や茶屋が軒を連ねる、通称「二条新地」の遊所があり、近くに非人の住む地域もあって、御殿とは別世界の庶民の生活が展開していた。静寛院宮はその民(たみ)の営みに深く関心をもち、人間の生きざまに思いをはせるのである。

庭の面に下立て　そこはかとなくなかむる折しも　外面にいと高く物よふ声の聞ゆるは　商人のうりかふ声なるかなと思ひつるに　さはなくて　乞食の物こふ成りけり　あさましくも有哉(あるかな)　心からかく成(なる)はてしもあらめと聞は　何れも〳〵哀におほへて

思ひやりて哀れとそ聞くかと毎(門)に　立て物こふ人のこゝろを
かく計(ばか)りめくみ(恵)あまねき御代に猶　ものこふ声の聞ゆるそうき(憂)

かく口すさみて　哀れになりける折しも近きあたりの遊女のまらうと(客人)をもてなすにやあらん　いとにきはゝしき物の音の聞ゆるに　実様々の世にも有哉と思ひて

たはれ(戯)男のあそふにきはひ聞は猶　ものこふ声を哀とそ思ふ

しはしこそ富るまつし（貧）きかはり（変）あれ　終の行衛（ゆくえ）はたれか定めん

朝廷と朝敵

明治三年三月四日、当時徳川慶喜に通じて陰謀を企てた嫌疑により身位・位記を止められて広島藩に付預されていた朝彦（あさひこ）親王の元邸宅が、静寛院宮に下賜されることになった。宮は翌四年四月五日に新殿へ移ったので、庶民の生活を垣間見ることはできなくなってしまった。

朝彦親王邸跡（京都御苑内）
朝彦親王の威徳をしのんだ貽範碑が建つ。

この年は明治天皇の還幸のないことが決定づけられる年でもあった。東北地方がなお沈静化しないという理由で還幸は延期になり、大嘗会（だいじょうえ）も東京で行われることが決定した。その大典は旧典に従いながらも今代の新制により、簡易朴素を旨とした。江戸時代に入って徐々に復旧した大嘗会であったが、孝明天皇の大嘗会は悠紀（ゆき）（大嘗会に供える新穀・酒を奉る二つの国郡のうちの第一のもの）を近江甲賀郡に、主基（すき）（同じく第二のもの）を丹波桑田郡に定め、めでたく悠紀の儀・主基の儀・豊明節会（とよのあかりのせちえ）の三（さん）節（せちえ）が行われていた。ところが明治天皇の大嘗会は、豊明節会だけが例年の新嘗会と同様に行われたのであった。

ところで、静寛院宮に親子内親王として二品宣下の内意が届いた。しかし、宮はまずは辞退することにした。その理由は「故家茂へ　先帝様より段々仰付られ候事共もあらせられ候へ共　万事行届かね恐入候事共　殊ニ辰年の事（戊辰の役）杯ハ　誠ニ〳〵申分もなく恐入候事のみニ候へ共　格別御寛大の御処置ニて幼少の家達知事職も仰付られ　実ニ親子ニ置候ても朝暮恐入かしこまり居候事ニおはしまし候」（『日記』）と、攘夷のかなわなかった事、戊辰戦争が起こった事、徳川家達を知事職につけられ恐れ入っている事などをあげ、その上、御所方同様の待遇を受けていっそう恐れ入っているのに、「二品宣下」を蒙っては、「あまり〳〵恐入候儘」辞退したいというのである。

仁孝天皇の皇女で孝明天皇の皇妹である自分が、朝敵となった徳川宗家の家名を立てるために尽力した立場の苦しさ、難しさを身にしみて知った静寛院宮は、人間として一回りも二回りも大きくなっていた。

第一章　皇女和宮

1　健やかなる日々

和宮の誕生

弘化三年（一八四六）二月十三日、禁裏(きんり)御所では孝明(こうめい)天皇の践祚(せんそ)の儀が厳(おごそ)かに行われていた。父仁孝(にんこう)天皇が一月二十六日に崩御したので、すぐに十六歳で天皇の座についた孝明天皇は、まず、仁孝天皇が和漢の学問を好み、廷臣の道義振興のため講堂の建設を計画していた意志を継いで、学問所（後の学習院）の創設に着手した。そんな頃の閏五月十日、学問所予定地の北隣にある橋本実久(はしもとさねひさ)の邸宅で和宮は誕生した。父は仁孝天皇、母は橋本実久の女(むすめ)で典侍(すけ)の橋本経子(つねこ)であった。経子は弘化元年十一月に皇子胤宮(たねのみや)を産んだが、翌年薨去して、まだ悲しみの癒えぬうちに和宮を懐妊した。ところが宮の出生を待たずに仁孝天皇が崩御、和宮は父君との対面のかなわなかった皇女として生まれたのである。

その日、皇女はお乳付（はじめての哺乳）、臍の緒裁ち（臍の緒を切る）、湯殿の具造り（産湯のための湯殿を整える）が順調に進み、未刻（午后二時頃）には産湯をつかった。その湯は流水を卯（東）と辰（東南東）の間の方角で汲んで沸かしたものだった。十二日には胞衣（後産）を寅（東北東）と卯の間の方角の土の中に納め、お七夜の前日の十五日に産髪垂れと産衣着せが行われた。産髪垂れは胎髪を剃ることなのだが、剃るとは言わず垂れと言って反語を使う。皇女には緑色の絹の祝い着が着せられて、

孝明天皇　堤哲長筆
（京都市東山区・泉涌寺蔵）

橋本家跡（京都御苑内）

名をもつ人間になる日を迎えようとしていた。

さて、お七夜の閏五月十六日に仁孝天皇の皇女は兄孝明天皇から、「和宮」の名を賜わった。『礼記』（昏儀章）の「婦準備はりて后に内和ぎ理まる」の文言を典拠とし、参議東坊城聴長が勧進して孝明天皇が命名したものである。その後、和宮は母経子（観行院）の産後の忌明けが過ぎても宮中に入らず、外祖父橋本実久のもとで養育されることになった。和宮は健やかに育ち、九月には箸初の儀式をしてその成長ぶりを祖先の霊に報告し、翌弘化四年十二月に髪置の祝が行われた。二歳までは髪を剃ったが、これからは頭髪を蓄えることになる。髪置は御所から贈られた「しらが（白髪）」という綿帽子をかぶらせて、小児の長寿を祝うもので、絓糸（撚をかけない生糸）で頭にかぶる白髪の鬘に拵え、紅白の水引を用いて角髪や元結を結って、後髪は小児の帯より少し下るくらいがよいとされた。

嘉永元年（一八四八）になると、八月一日、天皇の思召によって、和宮は歳替を行った。それは誕生日を弘化二年十二月十一日とし、年齢を実年齢の三歳から四歳に改めるものだった。歳替は「年あらため」といわれ、宮家では珍しいことではなかった。ただし、本書では和宮の生年月日はもともとの誕生日によることにする。

この年の十二月十四日、和宮の御色直のお祝があった。和宮は二帖台の板茵に立ち、白のね文字（練絹。「〜文字」は女房詞）と藍のね文字の二通りの衣服を着て、いかもの（五十百＝餅の高盛）六こう（高）で盃を一こん（献）、一・二・三の膳の饗膳が出た。次いでこふあ（昆布と鮑）で三こん出る。

陪膳（給仕をする人）は上臈代のおやす、役送（相伴している者に取り次ぐ役）にはおふち（藤）が当たった。

御所からは表向きの文では人形一箱、まな（魚）一折であったが、内々はとき色（鴇）（薄紅）の練絹の御服二つ、住吉の御服、緞子の御服、緋縮緬の御服、白い練絹を拝領し、ほかにもひわ色（鶸）（黄緑）の御服、けんほう（憲法）（黒茶色染）の御服を拝領した。また、関白鷹司政通や敏宮、典侍局等々から、まな（真魚）や御服などが進められたが、外祖父実久や生母観行院への、表向きの献上物はなかった。しかし、内々は医師や三仲間（御末・女孺・御服所）、使番にいたるまでから広く献上物があり、そのお返しや引出物に費えがかかった。

ところがこのような大仕事になっているのに、観行院は、宮が橋本家で育てられているから、「万事御てかろく（手軽）あらせられ候様　御所より御さた（沙汰）にて何かた（方）よりも御到来　けん上物なし」と記し、「御所よりは　一とう下され事なし」（『和宮様御色直御祝之留』）という次第である。宮様のお色直しは、生母が准后であればもっと盛大なお祝いだったのだろうか。

橋本家は閑院流の系統の堂上家（公卿）で、家格は羽林家に属し、官途は近衛の少将、中将と累進して、正二位・権大納言にまで昇ることができる中堅の貴族であった。和宮の外祖父橋本実久は朝廷の重職である議奏の職にまでつき、女経子は宮中に出仕して、堂々たる典侍であった。

翌年、四歳になった和宮の衣服の寸法が、『和宮様御服の覚』によって知ることができる。振袖で、丈二尺五寸、身巾四寸五分、袖下一尺一寸などと記される。嘉永二年三月から九月までの記録に、

御ちんこ（襦袢）御かたひら（帷子）六ツ
御あわせ（袷）御かへし（仕立直し）二ツ
　　御あたらしきの四ツ
御飛とへ（単）六つ
御はらあて（腹当）ひるの三ツ
　　　　よるの二ツ
御かたひら　一ツ
　御ふり袖
御ふり袖　三ツ
　　御ふく
御をひ（帯）二すし

とあって、袷（あわせ）は仕立直しが着せられることがあり、生活の質素さの一端が伺える。

熾仁親王とのご縁談

嘉永四年（一八五一）六歳の和宮は、有栖川宮熾仁親王（ありすがわのみやたかひと）から「てには」、すなわち助詞や動詞をしっかり使った文章の表現法を学ぶよう沙汰をうけた。熾仁親王は積極的に政治にたずさわることを好まず、歌や墨書の道に才能を発揮した人物であった。ところで、和宮は束脩（そくしゅう）にあたる御歓びの御使事（おつかいごと）はしなかったという。

有栖川宮熾仁親王
（福井市立郷土歴史博物館蔵）

七月十二日、天皇の思召しによって和宮は幟仁親王の第一王子熾仁親王との縁談が治定した。和宮は六歳。熾仁親王は十七歳で似合いのカップルである。御所からはまな一折を拝領し、女御（九条夙子）からもまな一折を進ぜられ、和宮は敏宮、女御、新待賢門院（孝明天皇の母雅子）、御所女中などからは御歓びの文をもらい、多くの人の祝福をうけた。

有栖川宮家は、伏見・桂・閑院の三宮家と並ぶ世襲親王家の一家で、江戸時代を通じて尼僧となって門跡寺院を相続する皇女が多く出たなか、和宮と熾仁親王の婚約が成立したことはこの上もなく慶ばしいことであった。そうなると、和宮は鬢の髪を削ぐ御ふかそき（深曾木）のお祝へと進む。十二月四日和宮は参内した。八日に山科家より調進した松かさね（浅葱色の無垢）のほそなか（細長）（幼児服）、袴、紅の単、檜扇を拝領し、その日、乳人の藤は藤御乳の名を戴いた。

十二月九日、ふかそきの日の和宮は白御服、白御ねもし（文字）御服、藍の御ねもし御服、御さい（細）格子御服、御袴、御ほそなかを召して、御三間の中段北の口より中段東上南面の御座へ進んだ。御鬢親の関白鷹司政通は下段南の口より中段東上北面上段の垂簾の方に進む。命婦（中級の女官）二人が碁

ふかそきの儀　山下真奈画

盤を置き、その上にみたらし（御手洗）川の青石を二つ、御髪（おぐし）の帖紙（たとう）を左右に、そして、御泔（おゆすり）坏（つき）（鬢盥（びんだらい））を置いた。和宮が二人の扶持（ふち）に助けられ碁盤の上にあがり、左右の青石を踏むと御鬢親が進んできて、鬢を三つにわけ鋏（はさみ）で左右中をはさむ（切る）。内侍（ないじ）（実務担当の女官）がそれを帖紙でうける。鬢親がもとの座へもどると、和宮は碁盤の向う側へ飛んで降り、御簾（みす）の外の北口へ退出した。これが吉方に当たる。そして、宮は鬢を二つにわけて緒（お）（細紐）でくくり、もとの座にもどって儀式は終わる。それからは祝いの座になり、和宮は褒美に人形を拝領した。

この仕来りのなかで下鴨社の御手洗川（みたらしがわ）の石を踏むのは、御手洗川の禊（みそぎ）をあらわしているといい、削いだ髪は川に流したという。穢（けがれ）を払い身を清らかにする禊は、日本の社会に深く根付いた慣習で、現今では厄を除く行為として生きづいている。

もう一つ、日本では陰陽五行説に基づいて天文暦数を司り、吉凶を占う学問、すなわち陰陽道が説く幾多の吉凶が信じられ、それにならった行事が営まれた。その一つに、することなすことが吉方へ向かう縁起のよい年廻りのあることが信じられ、それを「有卦」と称し、有卦は七年間続くものとされた。和宮は嘉永五年十一月十八日を有卦に入った日として、御有卦入りの御祝が取り行われた。

その日は有卦神へ代参の使番が蓋物を祀り、御所から御供物が廻ってきた。和宮は御所へ赤飯一蓋、生鯛一折を献上し、敏宮や女御などへも同様の品を進めた。公事の品十八品が御所から廻ってきて、和宮へ重肴、お吸物の祝の膳が届けられ、橋本実久や母観行院にも、吸物、鉢肴が進ぜられ、和宮の家来たちへもお祝酒が下された。

有卦入りのお祝は、御所より屛風、机。准后（夙子）より手焙り（小型の火鉢）。敏宮よりはな紙棚。関白より文庫、花瓶、花台。仁和寺宮、梶井宮、妙法院宮、青蓮院宮、聖護院宮、円満院宮、知恩院宮、花山院前内大臣、徳大寺前内大臣よりそれぞれ文庫が進ぜられている。女性方からは文庫の外に、長持、絵かるた、燭台かざし、漆器、切込み人形、切込み七福神等々のお祝品があった。観行院は、有卦入りは「御賑々の御事におはしましまし候」と記し、和宮が満足している旨を述べ、そして、「幾久しく万々年迄もめて度　たひ〱幾有け　無け（不吉が続くめぐり合わせ）にも御入被レ成候御事と　祝入参らせ（『和宮様御有卦入御祝之留』）と、有卦・無卦が幾度もめぐり合わせるなかで、和宮が成長していくことを願っていた。当時、有卦は七年、無卦は五年続くとされたので、有卦の祝は重要な行事だったのである。

この年は九月二十二日に祐宮（生母典侍中山慶子）が中山忠能邸で誕生していた。万延元年（一八六〇）に儲君（皇太子）に定められ、女御夙子（九条尚忠女）の実子となる明治天皇であり、皇室にとって目出たい年であった。しかし、八月はオランダ商館長クルチウスが、来年はアメリカ使節団が来航して、日本の開国を要求するだろうと幕府に告げていた。だが、和宮の周辺ではまだ穏やかな日々が流れていたといえよう。

2　有栖川宮熾仁親王の許嫁

お紐直しと皇居

嘉永六年（一八五三）六月三日、アメリカ東インド艦隊司令長官ペリーが遣日国使として、軍艦四隻を率いて浦賀に来航し開国を要求してきた。幕府は久里浜でアメリカ大統領フィルモアの国書を受けとり、やっとの思いで国書の回答は明年にすることを約束して帰らせた。とはいえペリーは琉球へ立寄り、琉球王朝を威嚇して貯炭所建設の権利を獲得し、素手では帰らなかった。

さて、幕府はことの重大さに鑑み、前水戸藩主徳川斉昭と藩主慶篤を幕政参与に任命し、海防に関わる会議に参加させた。朝廷では、すでに外国船の状況について幕府の禁裏付武士明楽茂正から奏聞があったので、事態の推移は承知していた。そこで朝廷は、武家伝奏（朝廷と幕府の間の連絡にあたる役職）・議奏（天皇に近侍して口勅をうけ、公卿に伝宣する役職）両役から意見を聴取した。関白鷹司政通は、幕府の実力ではペリーの開国要求を拒絶することができないと推察しており、交易による利を得るのが得策ではないかと考えていた。だが、武家伝奏三条実万は、アメリカとの通商に不安をもつ公家達の多いことを知っており、議奏東坊城聰長はイギリス、アメリカ、ロシアなどが歩調を合せて開国を要求するだろうと恐怖を感じていた。事実、ロシア使節極東艦隊司令長官プチャーチンは、軍艦四隻を率いて長崎に来航している。もの言わぬ公家の心は様々であったが、この頃から孝明天皇は自らの意思を表明する天皇になろうとしていた。

この嘉永六年は、八歳になる和宮にとっては、幼児の付帯から普通の帯に替えるお祝の年であった。すなわち「御紐直御祝」である。十一月二十四日巳刻（午前十時頃）和宮は藍と白の練絹の衣服に、付け帯、袴をはき掻取の小袖に檜扇をもって、常御所（天皇の日常の居所）の中段で御対面があり、二献の盃をいただき、ついで下着はそのままでしゅちん（繻珍）の帯をしめ、袴もつけて一の間口で御対面、お祝の盃があって菓子と人形をもらった。それから局（女官の用部屋）へおもむいて、女官連中とお祝の盃ごとをしたあと、和宮は女官たちへ緞子・繻珍・ひわ（鶸）・うこん（鬱金）の紐を進め、御所からは和宮・橋本家の連中に銭貨が配られた。

和宮からも各所へ献上物を差し出したが、このたびは関白・敏宮・新待賢門院・祐宮に並んで、有栖川宮へも贈った。また、到来物のなかに有栖川宮の名が記されるようになっていた。この祝宴は、「万事御する〳〵御賑々ニて亥の刻ニすませられ候」（『和宮様御紐直御祝の留』）と、午後十時ごろまで続き、和宮は成人の仲間に入ったのである。

翌嘉永七年（一八五四）四月六日午下刻（正午頃）、内裏の北にあたる敏宮の住む芝御殿の湯殿あたりから火が出た。湯殿の傍に立つ梅の木の毛虫を焼殺するために、下女が竹の先に藁を結び、藁に火を付けて毛虫を追っていたところ、強い東南の風にあおられて藁の火が飛び、湯殿の屋根に燃え移り大火になってしまった。熾仁親王に供奉されて孝明天皇はまず下鴨社に難を避け、夕方になって聖護院へ移り、十五日に仮皇居の桂宮邸に遷幸した。准后と和宮はいったん二条家に避難して、下鴨社へ移り、やがて、敏宮・祐宮・新待賢門院も下鴨社へ移ってきた。それから、准后と祐宮は聖護院へ、敏宮・和宮・新待賢門院は青蓮院へ移っていき、その混雑は非常なものだった。

火は西から北へ燃え広がり、京都所司代の日記によると神社仏閣が二十四カ所、公家方が、一条・今出川・西園寺・東園・烏丸・日野・綾小路・山本・勧修寺・梅谷・久世・醍醐邸など十四家、公家方の屋敷九カ所、地下官人以下八十二戸、諸大名の藩邸十五カ所、公家方の家来百五十戸、武家の家来三十戸、町屋五千七十八戸、焼失町数百九十町と記されている。京都の町は東は寺町通、西は堀川通、北は今出川通、南は下立売通の上京の広い範囲が焼亡してしまったのである。十六日になると幕府は老中阿部正弘を作事総奉行として、内裏の造営に着手し、和宮は十八日に青蓮院から帰宅した。内裏造営の完成は、安政二年（一八五五）十一月二十三日であった。

仮皇居でのご勉学

ところで、嘉永七年五月御領十石が和宮へ引き渡され、十二日に「御くらつけ（年貢が運ばれてくること）」になったので、御所と内侍所（天皇側近の女官が実務を担当する所）へそれぞれほらかちん（法螺貝餅。「かちん」は「餅」の女房詞）と御てうし（お銚子）を献上した。法螺貝餅は転宅の配り物にする厄除けの習わしがある餅である。橋本実久や観行院へも法螺貝餅に御祝のお吸物、御重さかな（肴）が進められた。しかし、落着く間もなく六月に入ると大地震が起こった。十四日夜中から十九日まで、毎日のように地震が続き、二十日は強震で、京師に不安が広がった。そのようななか、七月二十七日に、九歳の和宮は仮皇居で「帰命本願鈔」・「西要鈔」・「父子相迎鈔」の『三部鈔』の講義をうけた。師は婚約者の父君有栖川幟仁親王と、蹴鞠と歌道を家業とする飛鳥井雅久であった。

「帰命本願鈔」は、真如堂に参籠して阿弥陀の本願に帰命するよう教えられたことを物語の形で書かれたもので、「西要鈔」は清涼寺に参籠した際の、女人往生などの問答が物語風に書かれ、「父子相迎鈔」は弥陀を父に、衆生を子にたとえて浄土で父子が会った喜びを語ったものである。いずれも念仏往生の教えが和文体で平易に説明され、文章が典雅で文学作品としても優れていて、和宮は容易に理解しえたと察せられる。ところが、閏七月十四日、また広い地域が強震に襲われた。『三部鈔』に説かれる安心とか、欣求浄土の教えを和宮はどのように解したであろうか。

九月九日、重陽の節句を迎えた。その日は御きぬ、御なか（綿）、まわた、さらしめん、御糸白を「御菊わた」として皇居から拝領した。平安時代の頃から重陽には、宮中では「菊のきせ綿」の行事が行われていて、菊に真綿をかぶせて「うつしの香」を楽しんでいた。江戸時代になると九月八日に常御殿の西庭に菊を植え、枝に菊の花を作り、その菊に綿をかぶせて、九日に露にしめった綿をとり、長寿を願って身を拭うという行事が行われていた。幕末には八日に「菊綿の儀」、九日は「重陽和歌御会」が催され、和宮へは御祝の儀として絹や綿が進められた。

十月は恒例の茶壺の口切りがある。立夏の頃より摘み取った茶の葉を釜で蒸し、焙炉で乾燥させて、選り選りの葉茶（碾茶）を壺につめ厳重に封をする。その茶壺は輿に乗せられて行列を組み、行列は江戸へ向かう「お茶壺道中」として有名で、大名行列より格式が高かったという。茶壺は宮中へも届けられて、茶の正月と言われる炉開きにあたって、茶壺の口切りが行われる。しかし、これは皇居の行事ということで和宮は招かれず、表向きは御膳の拝領はなく、緋綸子一反を拝領した。ところが内々に茶・菓子、寄せ肴を頂き、和宮からも寄せ肴を進上した。これも仕来りなのだろうか。

さて、十一月二十七日年号が嘉永から安政に改元、皇居から和宮へ正式に知らされた。和宮は、「延喜式」以来の仕来りにより、ひたい（干鯛）一箱を進上した。十二月十一日は歳替による和宮の誕生日である。和宮は皇居へこいたたき（小戴〈小さな戴き餅〉）、御てうし（銚子）、御まな（魚）を、准后・敏宮・新待賢門院・祐宮へも、小戴きと御熨斗を進上する。お返しはするする（鯣）だが、皇居からは御膳一通りが廻り、小戴きと重さかな（肴）で御祝酒が行われ、橋本実久、藤御乳（乳母）、担当の医師にも御祝酒が下された。

その後、祐宮の御色直しや、仁孝天皇御養子となっていた豊宮（後の小松宮彰仁親王）の御深曾木にも贈答があり、皇室関係の儀式のお付合いもなかなかであった。

御歳暮御祝儀は御文だけの所もあるが、皇居から絹・綿・白金・御服料・模様の御服などを、准后からは羽子板・羽根、新待賢門院から干鯛を進められた。暮になると青蓮院に入った朝彦親王が所労のため、ごく内々に引籠っていることを聞き、和宮は坊官を通じて内々のお見舞いの品、青物を藤御乳にもたせてやった。

翌安政二年（一八五五）は四方拝は行われたものの、孝明天皇は仮皇居にあって、元日も白馬・踏歌の節会もなく、内裏造営に専らの一年であった。そのなかで地震、大旱、暴風、大雨という嫌な予感をさせる天候が続き、十月は江戸が大地震に見舞われ、朝廷では七社七寺に災異を鎮める祈禱を命じていた。幕府は昨年の三月に日米和親条約、八月には日英和親条約を結んでいたが、この年は十一月二十三日に新造の内裏へ孝明天皇が遷幸され、十二月に日蘭和親条約の締結をみて、日本は開国への道の第一歩を踏み出していたのである。

和宮の安政三年

とはいえ、和宮の暮しにはさしたる変化はなかった。安政三年（一八五六）の和宮の生活はどのようであったか、『和宮様年中の留』によって記してみよう。

正月朔日、御機嫌よく六ツ半（七時頃）にお目覚め。髪を整え御所から拝領の衣服と袴を召し、縁のある茵（座布団）に座って上臈に口祝（召し抱えの者に初めて接見する時、祝いとして物を与えること）を進め、橋本実久はじめ年始の祝儀に来た者たちに対面する。御所や准后、祐宮その他の方々への祝儀は干鯛が中心の贈答。瑞龍寺（村雲御所）の祈禱をうけ、護符を授かる。夕御膳は御所から廻ってきた。大服茶（元旦に若水で点てた茶。梅干、昆布などを入れる）、雑煮、くもし（菜の漬物）、小ひら（平椀）などがあって、膳になる。

二日、御所より御膳御祝が廻ってくる。御所は御年玉の塗器御盃十枚を小文庫に入れ、准后へ縫(ぬい)の御袖入れ二つと御盃三つ、両頭（典侍局と内侍局の頭）へかかえ(抱)帯二すじに人形を添えて御年玉とした。その他の方々にも御年玉が進められた。医師が参上し、和宮の脈をみて、大福茶とひし(菱)花ひら（菱形の餅と薄く丸い葩(はなびら)餅を重ねたもの）を頂いたが、和宮は今年も、この日から薬を飲みはじめるような体調であった。

四日、鏡開き、屋敷内の鏡餅が開かれる。五日、夕御膳に鏡開きの餅を食べる。領所の百姓が祝儀に来て、ふき鯛（不生(ぶき)鯛〈ひと塩の鯛〉）を献上する。七日、白馬節会(あおうまのせちえ)（天皇が紫宸殿で庭に引き出された白馬(あおうま)を御覧になる年中行事の一つ）、夕御膳に「七草の餅」を食べる。十四日、御所より御年玉に紙の双(すご)六(ろく)、人形を拝領、敏宮からは菓子の入った菓子箪笥と人形を頂く。十五日、関白からはいはい(道々)人形の入った文庫が届く。とんど（左義長(さぎちょう)）なので、朝から書初めなど吉書(きっしょ)を火にくべる。

二十日、母覚影(かくえい)（観行院）から鼈甲(べっこう)の簪(かんざし)が進上され、和宮は紫縮緬の帯と扇三本を進めた。二十六日、仁孝天皇御祥忌（祥月命日(しょうつきめいにち)）につき両寺（般舟三昧院・泉涌寺）へ筒花と菓子を供え、御所へ菓子を進上し、新待賢門院へはお見舞いとして菓子を進めた。御所からはよもきか島（蓬か島）を拝領したが、これは仙境の蓬萊山(ほうらい)を形どった飾り物である。

二月四日、御所より初午(はつうま)（稲荷大社の初午）人形を拝領し、風邪の呪(まじな)いの人形も廻ってきた。五日、仁孝天皇の表向きの御日柄(おひがら)（命日）で、お供がお花一筒、泉涌寺へ敏宮と組合いでお花一筒とお供の菓子を上げる。二十三日、敏宮の誕生日、小戴(こいただき)と熨斗(のし)を進められ、鯣(するめ)を頂く。二十九日、雛飾り。

三月朔日、御所より御膳と雛人形一対を拝領、大典侍などから御帖（折本）、屏風、産屋の道具、稚児人形などが進められ、雛人形に御膳、新しい雛人形には茶碗や三方が廻り、組重に鉢肴、練り味醂に九献も廻ってきた。二日はあちこちから、雛の菓子や巻物（軸に巻いた反物）、稚児人形などが廻ってきた。三日、節句御祝儀、和宮から御所へ干鯛を進上、准后はじめ各々方へ、文や稚児人形、硯蓋肴（盆状の容器に入れた肴）、干菓子などが進められ、また、頂く物も多く賑やかな節句だった。七日、雛飾りはかたづけられた。

十日、和宮は初めて、乗り添えなしに一人で輿に乗って参内した。十一日、木性の人（天皇を補佐する人）の有卦入りの日で、御所関係ではいろいろな御祝があり、和宮は舞楽を拝見し、のち、御前での祝い膳には袴をはいて出席、表方の酒宴を見学して四ツ過（夜十時頃）、局へもどった。十四日、弁当始め。一年の遊山の初めで鳥渡魚を献上した。

四月十四日、今日は衣服の古着をおます、藤御乳、おいと、おふさへ下された。縫の衣服、綿の布団、帷子、掻巻、被布など、いろいろあった。三月から四月中は、有卦入りのお祝行事がとても多かった。

五月五日、和宮は四月二十七日から御所に逗留中、節句は御所より絹一疋、薬玉、匂袋を拝領し、奥で地白の衣服に付帯、拝領の薬玉を右肩につけ、袴をはいてお祝の膳に向って座った。九日になって、和宮は橋本家へもどっている。二十九日、関白鷹司政通が引籠った。和宮はお見舞いに水仙巻（粽）十五把、内府輔熙（内大臣鷹司輔熙）には十把を進めた。

六月七日、御所より物忌（夢見がわるい時などに、それを避けるために引籠っている時、そのしるしとしたもの）が進められた。その「物忌」と記した札を下げた勿忘草を、和宮はしばらく髪につけ、あとは守刀に付けて置き、七ツ過（午后四時過ぎ）になると小川に流した。十四日、祇園祭。孝明天皇の誕生日で、和宮は鯣と寄せ肴を進上し、へたへた（べたべた〈小豆餡をつけた餅〉）を拝領した。十六日、かつう（嘉通）。嘉祥、嘉定ともいい、嘉祥喰と称して、安穏・安楽を願って各種の菓子を食べる日である。この日は御所や准后の間で御まん（饅頭）の贈答があり、和宮も配膳係の上臈も、地くろ（地の黒い織物）を着て祝った。

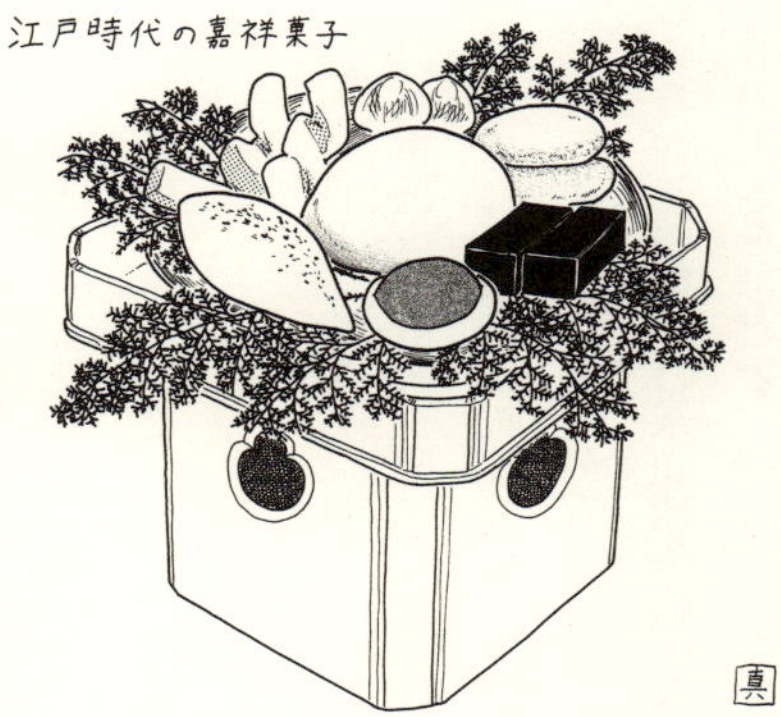

江戸時代の嘉祥菓子　山下真奈画

土用に入り、暑中見舞いとして准后とは魚、鱧の贈答があり、青蓮院宮へは、まき（粽）十把を進めた。宮の領所からは浅瓜が献上された。

七月六日、新待賢門院薨去の由、御所は五カ月の御心喪。七日、七夕の御祝事はなし。十一日、五日の中元の御祝儀が和宮より一統へ下される。御所よりの中元は晒一疋、御服料白金十枚、紅梅の縮織、扇を拝領した。

八月朔日、八朔の御祝儀は例の通り。八日、九条尚忠に関白宣下があり、お歓びとして魚一折、前関白鷹司政通へは准后宣下のお歓びとして棚（棚厨子カ）一箱を進め、九条尚忠から二種一荷、鷹司政通から魚一折が贈られてきた。

九月九日、御心喪中で「菊わた」なし。十三日、「月見」もなし。二十三日、和宮と有栖川宮熾仁親王の縁談が治定したとして、婚儀支度料白銀百貫目が例の通り進められると、伝奏より知らせがあった。

十月十四日、今年から和宮への「くらつけ」は橋本家で行われ、領所の百姓が参上して祝酒が下された。和宮・橋本家一統は、法螺貝餅、吸物、重肴で祝酒を行った。十一月十九日は光格天皇の十七回忌の法会が般舟三昧院で行われたが、和宮はごく内々に菓子を供えただけであった。

この年は和宮の縁談が治定したとして、幕府から婚儀支度料も届き、婚約は現実のものになった。ところがその頃、日米和親条約の取り決めに従って来日したアメリカの初代総領事タウンゼント・ハリスの動きをはじめ、諸外国との外交問題がいやおうなく朝廷内に不安をもたらすようになっていた。

3　海内の高波と和宮

和宮の成長

安政四年（一八五七）正月二十八日、祖父橋本実久が逝去した。和宮は、後水尾天皇の皇女理昌尼王の入寺以後、尼御所の一つになっている宝鏡寺に移った。法鏡寺は禁裏御所から離れた寺之内通堀川の百々に処在するので、百々御所と呼ばれている。五月になると伯父の橋本実麗に預けられることになり、橋本家に帰邸した。

十二月になって、十一日に和宮の鉄漿始の儀が行われた。鉄漿つけは御所では五倍子水と称していたが、公家のいうお歯黒である。鉄片を焼いて茶か酢などの中に入れて酸化させ、その液を筆で歯にぬり、付きをよくするために五倍子粉（ヌルデの葉茎にヌルデノミミフシが寄生してできた虫こぶを乾燥して粉末状にしたもの）を筆につけて磨く（ぬる）のである。儀式は諸調度を使って水に筆をひたして歯をしめらす真似、五倍子をつける真似を三度して終わる。こうして和宮は大人になっていた。

宝鏡寺（京都市上京区寺之内通堀川東入百々町）

安政五年（一八五八）は二月に仁孝天皇の十三回忌が営まれ、二日から六日まで清涼殿では懺法講が修され、孝明天皇の出御があった。また、般舟院と泉涌寺でも二日間にわたって法会が営まれた。さて三月三日、御雛満の祝いが行われた。そもそも御雛満の祝は、昨年御所で行われるはずだったが、地震のために延引になっており、今年、橋本家で行われることになった。江戸時代には雛の祝は十歳までという習慣になっていたが、元は雛遊びをしていた平安時代、『源氏物語』に「十にあまりぬれバ、いみ（忌）侍る」と書かれた故事から、女子の年中行事の雛祭になっても十歳までの祝となった。さらに、「せち（節）に飾るひゝなハ　とし老いぬるまで祝ふ事ハあやまり（誤）にこそ」（『孝経楼漫筆』）と記されていて、いつまで

雛人形　山下真奈画

も祝うものではなかった。

御雛満の祝のため、三月朔日から御所や准后、敏宮、大典侍（おおすけ）、その他の人々から雛人形や人形の衣装、調度品など数々の品が贈られ、三月三日当日は、祝儀の品や肴、酒が参って、和宮に対面した者には賑々（にぎにぎ）しく一献が下された。ところが、御満には各々方に今まで飾っていた雛人形を進める（差上げる）のが慣例であったが、和宮は地震や火災で破損・焼失していてその数が足りなかった。一統はそれを察してはいるものの、あまりにも寂しく愛想がないので、いろいろ工面してそれぞれに人形や調度品などを進めた。しかし、医師高階（たかしな）安芸守（あきのかみ）へは恰好の品がなく御所から廻してもらい、用掛りの者には行き渡らなかった。それでも、節句に拝領した魚は用掛りなどへ下された。和宮の女児のお祝も、これで終了したのである。

この三月五日、和宮に歓びの知らせがあった。

准后（夙子）が五月十六日が御著帯になるという。その日、和宮は御所へ鯣を献上し、准后から小戴餅と魚を頂戴した。六月十二日、無事に姫宮が降誕した。富貴宮である。富貴宮の御箸始や、安政六年六月十二日の初誕生日には、和宮は鯣を進上して歓びの意を伝えた。ところが富貴宮は、その後、三カ月もたたずに薨去し、宮の誕生はあっけなく悲しみとなってしまった。その頃、誕生した宮の夭折が皇族方の頭痛の種であった。

嘉永五年（一八五二）に誕生した祐宮が安政三年（一八五六）に、生母慶子の里中山忠能邸から内裏へと移った。ところがこの時期、皇族に皇子は祐宮お一方であり、桂・閑院の両家でも直宮の誕生を待っている状態で、皇族親王の血脈も遠く「皇胤御手薄」が痛嘆のきわみであった。朝廷では内大臣三条実万が幕府の徒頭都筑峰暉と内談し、京都所司代脇坂安宅にまで話を通じたい気持ちでいた。『三条実万手録』には、こんな事が記されている。

禁裏のお側に召される女官は、典侍・内侍などの定員の内で定めているが、故障や所労、長患いの者もいて差支えが多く、自然と御誕生が少なくなって、「皇胤御手薄」のため「御人の儀」は定員外に召置かれることが急務だと思う。しかし、御人が多すぎてもお為にならないので、時を計らって御人を整えたい。皇子のご降誕、ご生育の有無は致し方がないが、人事を尽すために、定員外に女官を召置くことを厚く勘考するように申しておく。近年、堂上は経済的に困窮しているので、娘を出すことを断るだろうが、相応の人体を選んで召したいので、娘の召出しについては支度御手当金を下されるよう、これも勘考しなければならない。仁孝天皇のご不快の節など御用の節に、「如何ニモ下品」

堀田正睦
（千葉県佐倉市・甚大寺蔵）

を側においたと聞いているが、「切歯至極」である。と。

三条実万はこれは御所付きの人々が御所の予算を引締めて自分の功にしようとして御所を粗末にしたもので、このやり方は公武にとってよろしくないと考えていた。それはともかく、皇胤御繁昌の道を開き万世無窮の基を固めようとすると、女官の雇用一つをとっても財政面で幕府との折衝が必要である。女官の定員増は正面切って要求しがたいので、内談を重ねて道が開けるようにした上で、表立っての談義を可能にしていこうとする。これも政治手腕の一つだった。人格円満で才識の誉れ高い今天神、三条実万もご苦労なことであった。

孝明天皇と条約の問題

話は戻って安政五年、世上は騒がしくなってきた。一月十二日に幕府とハリスの間で日米通商条約の交渉が妥結して、老中堀田正睦がこの条約の勅許をもとめて京都へ向った。堀田は伝奏・議奏を前に宇内の形勢を説明し、条約案を提示して朝旨を請うた。孝明天皇は条約の、国家の安危、人心の帰向に繋がる重大さを考え、政務にあたる十二人の公家に条約問題を下問した。公家たちの上書は二人以外は、条約を許容するものであったが、天皇は不承知の意思をもっていた。そして、二月二十三日に、事が重大なので諸藩の衆議を聞くようにとの朝旨が出された。

この勅諚（天皇の言葉）は江戸へ伝えられ、再び条約調印の承認を請う奉答書が堀田正睦から提出された。朝廷と幕府の対立を何とか避けたい関白九条尚忠は、これに対しての勅答の案文の作成にあたって、通商条約は拒否しきれるものでないとの思いから、外交措置の一切は幕府に委(ゆだ)ねるといった内容のものにしていた。これは天皇の意思とはかけ離れていて、九条関白の幕府寄りの態度に批判の声があがりはじめた。

関白の行動には朝廷内で反発の空気が強くなり、鷹司政通が病気を理由に内覧(ないらん)（天皇に奏上する公文書を内見し、政務を代行する職）を辞したいと請い、条約調印に反対の立場を天皇に述べるようになっていった。三月になると議奏久我建通(こがたけみち)が退役を願い出(い)で、また祐宮の外祖父中山忠能(ただやす)ら七人の公家が関白に抗して、条約調印の是非には衆議を尽すべきだとの上書を提出した。関白の勅答案文が朝議で審議されると、天皇が案文書き改めの運動を命じる態度に出たので、岩倉具視(いわくらともみ)らの同志の公家一同は、勅答案の改作の要求を提案し、そして、八十八人の公家が参内、その要求書に署名した。そのなかには、和宮の従兄(いとこ)橋本実梁(さねやな)（実麗の嗣子）や小倉輔季(すけすえ)（橋本実梁の実父）も列参(れっさん)していてこれは中・下級の公家たちが自己主張をした異例の行動だった。だが、咎(とが)められることはなかった。

岩倉具視
（福井市立郷土歴史博物館蔵）

この日、九条関白が参内しようとしなかったので岩倉具視らが九条邸へおもむき、返答の内諾をとった。三月十七日、武家伝奏東坊城聴長も退役を請う事態になったが、二十日には老中堀田正睦を小御所に召し、孝明天皇は関白、三公（左大臣・右大臣・内大臣）、議奏・武家伝奏列座のもとで、左大臣近衛忠煕に新たな勅諚を口答で伝えさせた。勅諚は条約締結については三家・諸大名との再応衆議の上、あらためて言上せよという事実上の締結不承認の意思表示であった。これには、開国という新たな国是は公家全体、武家全体の合意の上で決定さるべきものであるという、孝明天皇の主張がこめられていた。

このように通商条約調印の問題で、天皇が意思を明らかにしはじめ、朝廷内部では八十八人の公家が参内して意思を表明し、さらに非蔵人（殿上駈使の役を務める者、賀茂・松尾・稲荷等の神職の家柄で宮中へ伺候する者）のなかの五十七人が、皇国の大事に関東の言い成りにならぬようにと上書を提出。昇殿を許されない地下官人九十七人も連名で意見を上申するなど、朝廷内部にひしひしと変化が起こっていた。

将軍継嗣の問題

そんな折節、幕府では条約調印と並んで将軍継嗣問題が政局を左右することになった。有栖川宮織仁親王（熾仁親王の曾祖父）の王女喬子（楽宮）を御台所に迎えていた十二代将軍徳川家慶が、嘉永六年（一八五三）六月二十二日に薨去した。家慶は阿部正弘を老中首座に起用して、破綻した天保改革を収拾に向かわせ、次々に来航する欧米の艦船に対処した。しかし、ペリーが来航し、来春の再航を約して退去した後、家慶は間もなく薨じてしまった。その跡をうけて統を継いだのが、当時、三十歳になっていた家慶の子息徳川家定。再びペリーが来航して日米和親条約を締結、ロシア・イギリス・オランダとも和親条約を結ぶという、幕政上、外交問題がぬきさしならぬ局面を迎えようとしていた。

家定は病弱で、将軍の力量も危惧（きぐ）されていた。幕閣や有力藩主の間では徳川本家の跡継、将軍継嗣が重大な問題になった。その後継者は人物を重視するか、血統的な親疎を主とするかの対立が、条約問題とからんで複雑かつ具体的な工作になって表面化した。前水戸藩主徳川斉昭の第七子一橋慶喜（十七歳）の擁立を図るグループ、紀州藩主徳川慶福（よしとみ）（八歳）を推戴（すいたい）したいグループが、それぞれ朝廷の存在を意識して、「京都手入れ」すなわち公家やその家臣への入説（にゅうぜい）を激しくした。

一橋派は条約調印に勅許が下るよう援助するかわりに、慶喜擁立を実現させようとして、朝廷から「年長、英明で衆望のある者」を継嗣に望むとする勅許を得るために奔走した。「年長」が、慶喜をさすわけである。一方、紀州派は九条関白の力でそれを阻止しようとした。本来、朝廷は幕府から上申されたことには「目出たく思し召す」と答え、幕府の思い通りになることが多かった。ところが、事実上、条約調印不承認の勅諚が下され、二日後に「年長」を削除して、国務多事の際、すみやかに将軍継嗣を定めるよう沙汰があった。継嗣問題は徳川本家、幕府にとっては体制を揺（ゆ）るがしかねない大問題であるが、朝廷側は深入りする必要のない問題であった。

ところで、日本開闢（かいびゃく）以来の存亡の危機が迫ってきたわけだが、和宮本人がどれほどの情報を得て、どのように教えられ、どう考えていたかは全くわからない。幕府に大老井伊直弼（いいなおすけ）の政権が確立し、将軍継嗣は将軍にもっとも近い血統の人を選ぶのが日本の風儀であり、天下の人望がよるところだと考える直弼の政治手腕によって、早々（はやばや）と紀州の徳川慶福に決定した。また、機に臨んでは権道をとる必要があると考える直弼は、勅許を得ない条約調印は重罪であるが、甘んじてこれを受ける決意をもって、日米修好通商条約の調印にふみきった。安政五年（一八五八）六月十九日のことであった。井伊政権の登場は、和宮の運命を大きく変えることになる。

その以前、もう一人政局によって運命を変えることになった女性がいた。薩摩支藩の姫島津一子（かつこ）である。薩摩藩主島津斉彬（なりあきら）や越前藩主松平慶永（よしなが）、老中阿部正弘などは、将軍後継者には血統より人物を重視して、幕政の改革にもふみきれ、外国の使者の謁見にも堂々と応じることのできる名君を選びたいと慶喜擁立の工作をはじめていた。ちょうどその頃、将軍家定の御台所（みだいどころ）を選ばなければならなくなっていて、そこに浮上したのが島津一子、のちの篤姫（あつひめ）であった。激しく動く政局のなかで、一子がどのような生活を送るようになるのか、小節を立てて記述してみたい。

4　予期せぬ姑、島津篤姫

十三代将軍と篤姫

安政三年（一八五六）十二月十八日、十三代将軍徳川家定と島津篤姫の婚礼がとどこおりなく行われた。篤姫本人は、はからずも将軍の御台所になったのである。家定は父十二代将軍家慶の薨去によって、嘉永六年（一八五三）十一月に将軍宣下をこうむり、家祥（いえさち）改め家定を名のることになった。時まさにペリー来航の直後で、時局は外交問題がかまびすしくなろうとしていた。家定は、すでに天保十二年（一八四一）に鷹司政通の養女有姫（任子（ただこ）・鷹司政熙の女）を迎えたが、有姫は嘉永元年（一八四八）六月に逝去し、次いで迎えた一条実良の女寿明姫（秀子）にも、嘉永三年六月に先立たれていた。

そこで将軍家では、十一代将軍家斉の御台所広大院（島津寔子）を通して、外様の島津本家に内々に、適当な夫人を迎えたいと申し入れてきた。広大院は聞えの高い島津重豪の女で、五十年近くもの間御台所の地位にあって、血を引く大名五人、大名夫人十人にものぼる縁者がいて大きな力をもっていた。家定の生母美津（跡部正賢の女・本寿院）をはじめ、大奥にも異存はなかったようである。

天璋院（篤姫）（尚古集成館蔵）

当時の藩主で英名の聞えの高い島津斉彬は、島津本家に候補者がなく、異母弟久光の女を選ぶ気にもなれなかったところ、姉興子（郁君）を簾中に迎えている近衛忠熙から援助の話がきた。そこで白羽の矢が立ったのが、一門の今和泉島津家の領主忠剛の女一子であった。斉彬は嘉永五年二月、志を同じくする宇和島藩主伊達宗城にこのことを書状で知らせ、翌六年三月に一子を斉彬の養女として名を篤姫と改め、幕府へ実子届を出して輿入れの準備を始めた。ところで、四月になると当時権大納言の二条斉敬から将軍家への縁組の申込みがあり、五月になって将軍家はそれを断ったと連絡してきた。ついでながら、一子が選ばれるまでには、八戸藩主南部信順（父は島津重豪）の女や新庄藩主で国学に造詣の深い戸沢正令の女も候補にあがっていたが、将軍家を敬遠していずれも急ぐかのように嫁ぎ先をきめていった。将軍の御台所に公家の女以外からも考えられるようになって、縁談はかえってむつかしくなっていたのである。

さて、話を篤姫にもどすと嘉永六年六月になって、篤姫は指宿の今和泉邸より鶴丸城へ移り、七月に出府道途式が行われた。ところが、幕府ではペリーの来航、将軍家慶の薨去と大騒ぎになっていて、篤姫を迎えるどころではなくなっていたが、それでも斉彬は八月二十一日に篤姫を江戸へ向かわせた。篤姫の一行は途中、十月二日に京の近衛家に参殿し、二十三日に江戸の薩摩藩邸に到着した。通説では篤姫が近衛家に参殿した時に、近衛家の老女村岡が篤姫に従って江戸へ赴いたとか、養母として随行したといわれるが、この時、篤姫は村岡の養女にはなっておらず、村岡は随行していない。村岡については後に述べることにしよう。

三田（港区）にある薩摩藩邸に入った篤姫は、なんの沙汰もないままひたすら待つ日々を過ごすことになった。その間、嘉永七年（一八五四）は軍艦七隻を率いたペリーが再航して、日米和親条約の締結、ロシアのプチャーチンの再航、イギリス東インド艦隊司令長官スターリングの来航と、厳しい外交問題に明け暮れしている。国内では四月に禁裏が炎上し、近畿・東海と相次ぐ大地震に悩まされて、十一月末、元号は安政に改められた。安政二年（一八五五）には江戸でも大火災、大地震の災害にも見舞われ、幕府は皇居の新築、災害の復旧など、財政にかかわる大仕事を前にして、篤姫の入輿に力を入れていた老中阿部正弘はそれどころではなくなってしまった。篤姫はすることもなく、江戸で三度目の年を越した。

安政三年（一八五六）二月、やっと阿部正弘から将軍家へ輿入(こしい)れする決定が知らされた。将軍家へは公家から入輿する習(なら)わしがあったから、広大院が近衛家の養女として縁組したように、篤姫も近衛忠熈の養女になった。篤姫は江戸にいたままで、四月十四日に島津家の家老島津久福(ひさとみ)が近衛家に参向して、京都で縁組の結定式(けつじょうしき)がとり行われ、篤姫は敬子(すみこ)の名を賜わった。公卿の女として輿入れとなるのである。近衛家では篤姫付きの老女として、忠熈の正室となった郁君(いくぎみ)（島津斉興(なりおき)の養女）に薩摩から従ってきた老女藤田(ふじた)を選んだ。老女藤田は郁君が逝去した後、薙髪(ちはつ)（剃髪・落飾）して得浄院と号していたが、還俗(げんぞく)して幾嶋(いくしま)と名のり、薩摩藩の鍼(はり)医師原田才輔(さいすけ)を付添いに、三月二十九日に二人の下女を伴って京都を出立していた。遅れて四月二十四日、近衛家の使者諸大夫(しょだいぶ)北小路俊徳も出立した（『陽明文庫』）。

阿部正弘
（渡辺修二郎『阿部正弘事蹟』より）

ところで、老女村岡であるが、いつ輿入れが実現するのかわからない嘉永六年に京都を立つわけがなく、安政三年の三月・四月に京都を出立したメンバーにも入っていない。にもかかわらず江戸城に入ったことになっている。村岡については、まだまだ面白い話がある。

篤姫の婚礼

家定と篤姫の縁組が正式に決定したのが、七月になってからだった。縁組に不同意だった水戸の徳川斉昭は承諾していたが、広大院に次いで島津家から二人目の御台所を迎えることに反対する者は多かった。九月になってからも家定の生母本寿院は、越前の松平慶永に手紙を出して、東照宮御敵の薩(薩摩)の家来の娘を御台所にして、自分や旗本の娘におじぎをさせるのか、「廉恥もない世態」(『昨夢紀事』)だと不満たらたらだった。篤姫にとっては気の休まらない状態である。その上、近衛家の北小路俊徳に持病があり、交代の家士もなく、俊徳は結納、婚礼、営中(将軍の居所)への祝儀の使者などを務め、一応の重責を果たしたが早く帰京してしまい、翌年閏五月に逝去するほどの健康状態だった。

家定の側はといえば、本寿院が付いていて、実力者の上臈御年寄の歌橋がいる。そして、十六歳で大奥の侍女にあがり、幼名政之助の西の丸時代からの家定付きの御年寄瀧山もいた。瀧山は、家定の鷹司家・一条家の二度の婚儀を取り仕切り、たたきあげの御年寄としての実力をもっている。篤姫にとっては、不安いっぱいの婚儀ではなかったか。ところが、勝海舟の「正室(篤姫)は堅固にして強毅を兼ね、明断にして慈悲深くあらせられたり」との後日談があり、勘定奉行石谷穆清は「姫君様(篤姫)出格の御賢女、万端御行届きの趣」と、評価している(『大日本維新史料』)。そして、篤姫にはただひとり、幾嶋という力強い味方がいたから、怖気づくことなく粛々と婚礼の儀に臨むことができた。

ところで、篤姫付きの幾嶋は半端な人物ではなかった。幾嶋は近衛家中きっての名家である家士の故今大路孝由の実子としての縁組をして格を上げてもらい、大奥へ入ったのだったが、幕府には「老女」という役職がなく、幕府は近衛家への配慮から、まず若年寄に任じて中年寄へと昇進させ、御年寄へと昇格させることにした。幾嶋の身分を確立して御台所の立場を援助するために、京都からは天皇に近侍する議奏万里小路正房から、また近衛家からは老女村岡らの働きかけがあって、篤姫が御台所になると、幾嶋は「つぼね」と呼ばれる御年寄になり（『続徳川実紀』）、篤姫の側近くに仕えることができた。この大奥のつぼねは、松平慶永に仕える中根雪江には、島津斉彬から慶喜擁立の密旨を受けて江戸城に登ったと理解されており、つぼねを心たくましく胆太き女丈夫とみていた（『昨夢紀事』）。その通り、つぼねは大奥に古くから仕えている女官たちを黙らせ、「こぶ　こぶ」と恐れ憚られる存在になった。「こぶ」とは、つぼねの顔のどこかに「宿瘤」（こぶ）ができていたからである。

一方、篤姫はといえば、篤姫の入輿が直接、慶喜擁立工作でなかったにしろ、時期が時期だけに、斉彬は篤姫に将軍家定が継嗣問題をどう考えているか探るように話を入れていた。しかし、家定と篤姫は仲むつまじく、石谷穆清が井伊直弼に「行々御出産もあらせらるべき御様子との趣き、粗もれ相伺」（『大日本維新史料』）と伝えているように、大奥には世嗣誕生を待つ雰囲気すらあって、世継ぎの話を切り出せば将軍が気分を悪くなさるだろうと気遣っていた（『山田為正明細日記』）。

継嗣工作と篤姫

ところが安政四年（一八五七）十二月になると、斉彬は松平慶永の大奥工作を助けようと、御庭方に取り立てた西郷吉之助（隆盛）を出府させ、橋本左内と連絡をとらせて、西郷に篤姫へあてた書状をもたせた。西郷は斉彬の書状を持参して、薩摩藩邸の老女小野島（のじま）と大奥のつぼねを通じて大奥工作にかかったが、成果はあがらなかった。翌五年になって、本寿院が御養君（継嗣）は不要と言っている、と慶永に情報が入り、この問題で内許をもらうためには朝廷工作が必要になり、その朝廷工作を大奥に働きかけた。しかし篤姫は動かなかった。篤姫は家定に継嗣問題を話しておらず、こともあろうに本寿院に相談していて、近衛忠煕に御養君に関しての降勅がないようにと書状を出す始末であった。

つぼねは驚き、これが諸大名に聞こえては大ごとになると気遣い、忠煕には篤姫の書状は歌橋に依頼されたもので、篤姫の本意ではないと伝え、忠煕と篤姫の間柄に対しても気を遣っていた。だが四月になっても大奥工作はうまくいかず、大奥一統は一印（一橋慶喜）を嫌っているようで、「誠に壱人も天下の御ためと申す処迄の心付候者は御座無」と、慶喜擁立こそ天下の為と信じているつぼねは、とうとう忠煕にこんな書状を出した。長文になるが引いてみよう。

御台様おしかり遊ばされ、天下の御ため、御家の御ためを思し召し申さざるようの御事にては、御済み遊ばされず候と、御きびしく仰せ進められ候御書を、今一度進められ下されたく、それを万歌（万里小路（までのこうじ）と歌橋）両人え見せ遊ばされ候。かように御しかりをいただき、恐れ入り候御事と仰せ聞こしめされ候わば、少しは心も入り申すべくと思し召され候まま、どうぞ、その御事も願い候よう、仰せ付けられ候。

（『大日本維新史料』）

天下の為に、篤姫を厳しく叱ってほしいというつぼねであった。

四月初旬、篤姫は家定に話かけてみた。しかし、本寿院は、狐のような歌橋にそそのかされ、継嗣の話をするなら自分は自殺すると脅したという（『昨夢紀事』）。大奥では話を出すだけでも気苦労があった。そして、本丸御年寄瀧山の影響で、篤姫の心は慶福に傾いていったとも、将軍と仲むつまじい篤姫自身、急いで御養君を定める必要に疑問を抱いていたのでは、ともいわれる。賢女篤姫は、敏腕つぼねの働きかけがあっても、動きたくなかったのだろう。将軍継嗣は複雑な政治問題になって、篤姫の手のとどかないところで、大老井伊直弼によって結着をみた。そして、将軍家定は薨去、篤姫は天璋院を号し、和宮の姑となる。

この時代、公家や各大名の老女の働きには目を見張るものがある。薩摩藩の老女小野島は大奥の内情を知るために力をつくし、大奥より「御表へ御手入れの方が然るべき事の様に、ちらと耳に入り候」（『大日本維新史料』）というように、的確に情報を伝える。近衛殿の老女村岡にいたっては、さきほどから述べているように、事実を越えて伝説までできてしまった。篤姫の養母となった村岡は江戸城に入り、「将軍や諸大名の面前で七汁二十二菜の馳走をたいらげ、願いものを何なりと与えようとの将軍の言葉に対し、〝わが主家近衛家の柱臣一名を将軍家の側におかれたい〟と述べて一同を驚嘆させた」（『直指庵案内書』）というのである。作り話ながら、豪快な村岡にぴったりあてはまる話ではないか。村岡は養母でもなく、江戸城へも行っていないのが史実なのであるが。

この時代に名前の出てくる女性は、人間として度量が大きくても、気転がきいて有能であっても、直接、政治や経済、社会の問題に取り組んで、自己の考えを持って全面的に行動することはなかった。また、できる立場にもなかったが、人や組織に仕えて忠実であり、忍耐強く、仕える人を盛り立てる力は相当なものだったといえよう。和宮の姑となる天璋院の人間的底力も、並大抵のものでなかったことがこれから証明されることになる。

第二章　朝廷と幕府のはざまで

1　冷徹なる政局に直面して

条約調印は違勅

安政五年（一八五八）三月二十日、孝明天皇が老中堀田正睦を召して、通商条約締結を承認しない意思を明らかにしたことは先に述べた。堀田に随行して上京している川路聖謨によると、その後、堀田正睦は武家伝奏広橋光成、議奏久我建通や坊城俊克と堀田の旅亭（本能寺）で会い相談を続けていた。一方、孝明天皇は「禁中にて日々酒宴」、川路はその席に連なった蓮門（浄土宗）の僧に出た料理の献立を日記に書いている。

御煮物　山の芋　　御汁ゆは　　御香之物二品　　御二の膳　御煮染（にしめ）かむひやう（干瓢）
　豆腐、のり　　　　　　　　　　　　　　　　　　　　　　　　　　椎たけ　こんふ

すまし汁
初　雪　　御ひたし菜（浸し）　　すまし
　　　　　　　　　　　　　　　　御吸物　ゆり
御重肴大和芋　御湯漬　山いも
壱組丸ゆは　御にしめ切　麸
御汁　　御香の物
雪のさ　小かぶな　御鉢肴三ツ
色漬かへゆは　　ませつけ　御ひたし
岩たけ　　　　　つくいも（ね）　白菊
　　　　　　　　椎茸　　くり
すまし　かべ（豆腐）
御吸物のり

川路はこの献立を「御料理の御手軽なるをしるへし」と記しているが、僧侶なので魚肉類がないのか。はたして主上（しゅじょう）の御膳はどうであったか知りたいものだ。

孝明天皇は御酒を好まれ酒量は多かったようだが、地酒は好まず、仮皇居に住み近衛殿で伊丹（いたみ）の酒を飲んでからはその酒が「殊之外（ことのほか）叡慮に叶」い、近衛忠煕が月に一樽づつ献上していた。近衛家は宇治の五カ庄に領地を持ち続けていたが、寛文元年（一六六一）に幕府に収公（しゅうこう）されて一部が万福寺（まんぷくじ）の寺地となり、摂津伊丹が替地として与えられたので、近衛家は自ずと銘酒伊丹酒の地の領主になっていたのである。ところで川路聖謨は孝明天皇が質素な生活に甘んじていると察し、自分達は「干魚に濁酒にても大に過たり　罰あたるへし　以後　可レ慎事也」（同前）と、恐縮している。しかし、それはそれとしても、もの申す天皇になっていく孝明天皇にストレスがあったのか、酒量は増えていったのであろうか、興味深いところである。

さて、江戸に帰った堀田正睦は井伊直弼の大老就任で老中を罷免され、川路聖謨も左遷、退隠・蟄居を命じられた。直弼は一応三家以下烈藩に通商条約の締結についての意見を聞いたが、はやばやと条約に調印した。三家以下諸大名の返答書を天皇が見たうえで、最終的に対応策を決めることを求めた孝明天皇の希望は完全に無視されたのである。調印に強く抗議した前水戸藩主徳川斉昭、尾張藩主徳川慶勝、越前藩主松平慶永、一橋家当主一橋慶喜は隠居・謹慎の処分をうけることになる。

井伊直弼（東京都世田谷区・豪徳寺蔵）

孝明天皇は怒りをあらわにした。六月二十八日天皇は関白、三役（左・右・内大臣）と議伝両役に、天皇の位を降りる意思を伝え、さらに、七月二十七日には信用のおけない太閤鷹司政通の内覧を罷免した。かたや、井伊大老は幕府役人の人事異動を行い、水野忠邦と意見が合わず老中を辞していた越前鯖江藩主間部詮勝を再び老中に列し、小浜藩主酒井忠義を再び京都所司代に任命した。そして、浅野長祚を左遷して小笠原長常を京都西町奉行に任命し、東町奉行の岡部豊常は留任させ、老中間部を京都へ送って京都支配を固めさせた。

八月五日、孝明天皇は譲位を切り札にして味方の公家をふやし、朝議の席で、条約調印は違勅だから、間部詮勝の上洛までに譲位のことを幕府に知らせよという「御趣意書」（内勅）を出した。朝廷と幕府の連携を役目とする関白九条尚忠や議奏久我建通、武家伝奏万里小路正房は困惑した。八月七日参内した近衛忠熙が有力な諸藩十三藩に縁故のある公家を通じて、天皇の意のあるところを伝えることを提案したので、これに天皇が同意してひとまず譲位の意志はひるがえった。そして「御趣意書」は九条関白が納得しないまま、八月八日に幕府と水戸藩に送られた。さらに天皇は九条関白の辞職を命じ、九条の関白・内覧の辞任、万里小路・広橋両武家伝奏の進退伺いにまで事態が及んだ。

関白九条尚忠は家士の島田左近への手紙に、内勅は天皇の強い意思で出され、この事態は朝政機構の頂点にある関白を差しおいて決定した「宮中の内乱」（『井伊家史料』）であると記している。これは幕府にとって朝廷の統制を考える上では由々しい事である。また、水戸藩に下された内勅を三家、三卿、家門大名に伝達するように命じているのは、大政委任を受けている幕府にとっては許せない事態であった。

安政の大獄

幕府は反撃に打って出た。天皇や公家に影響を与えている尊王攘夷を叫ぶ志士や水戸・一橋派への弾圧で、いわゆる「安政の大獄」が始まることになる。

まず九月七日、所司代酒井忠義にとっては旧家臣の梅田雲浜の捕縛、朝廷関係では九月二十二日、太閤鷹司政通を攘夷派へと説得した鷹司家諸大夫の小林良典（民部権大輔）等々と逮捕していき孝明天皇や内覧となった近衛忠煕らに圧力をかけた。その上で江戸幕府の意見として、九条関白の辞職を差し止めて内覧に復帰させるよう求めてきた。天皇はやむをえず同意して、朝廷はもとの体制にもどっていった。

条約調印の説明のため九月十七日に上京していた老中間部詮勝は、朝廷工作をしていた志士たちが続々と逮捕されるなか、しばらくは動かなかったが、十月二十四日にやっと参内して、やむをえない条約調印の事情を説明した。だが孝明天皇は通商条約否認の姿勢をくずさなかった。それからも天皇と間部の書簡のやりとりがあり、十二月になって間部は、幕府の軍事力が整えば前々の国法（鎖国）にもどしたいから、それまでの猶予がほしい。天皇が大老や老中への疑念をもつのは、陰謀者の工作によるものだから陰謀に加担する公家を取り調べる、と脅してきた。天皇は相談相手もなく心細くなって、「大儀」に過ちはなかったかと考えると眩暈がしそうになっていた。しかし、十二月二十四日天皇は、悪謀を企てる公家はいない、幕府が鎖国に向おうと考えているのがわかり、「心中が氷解」した旨の宸翰を九条関白に渡した。

それからの天皇は、自分には関東と合体して早く夷族を遠ざけたいと念願するだけだという姿勢をとった。そこで幕府は昨年八月の内勅の責任を問い、朝廷に圧力をかけ、安政六年（一八五九）になると左大臣近衛忠煕、右大臣鷹司輔煕の辞官、前関白鷹司政通、前内大臣三条実万の落飾（出家）、青蓮院宮（しょうれんいんのみや）（朝彦親王）に謹慎、内大臣一条忠香（ただか）以下の公卿に朝廷から謹慎を申し渡させたのである。天皇はそれにも消極的な対応をせざるをえなかった。ところが、幕府は八月に十四代将軍家茂の襲職の祝意として、天皇に五千両、摂家以下の公家に合計二万両を贈っている。そして、その八月に水戸藩関係者を処分し、九月梅田雲浜牢死、十月頼三樹三郎（らいみきさぶろう）、橋本左内、吉田松陰死罪、さらに将軍継嗣問題で一橋慶喜を推した一橋派の幕府役人も左遷された。

こうして幕府の強圧政策は進んでいったが、この政情のなかで暗躍する人物のなかにも幕府の将来、皇国の将来を慮（おもんばか）る者はいた。朝廷側では関白九条家の家士島田左近、幕府側では大老井伊直弼の師でもある彦根藩士長野主膳（しゅぜん）などが、抜本的な朝廷策を考えていた。かねて親交のあった左近と主膳は、すでに安政五年（一八五八）八月、九条関白当人はどうであったか詳（つまび）らかでないが、皇女と将軍の縁組という途轍（とてつ）もない内容を話し合っていたのである。

皇女と将軍の縁組

左近から内談を受けた主膳は、九月二十五日江戸にいる彦根藩公用人宇津木（うつき）六之丞（ろくのじょう）に手紙を認（したた）め、この縁組を「万代不易之道」（『井伊家秘書集録』）を建てるためのものとして進言した。直弼の意を受けた十月二日の返翰（『井伊家公用方秘録』）には、十七ヶ条御法則（公家諸法度）によって御所向（ごしょむき）政道の歪みを改正し、皇女御申し下し（降嫁）によって公武合体を揺無（ゆるぎな）いものにしたい、それは大老井伊直弼と関白九条尚忠の在職中でないと整わないので、「何分にも御丹精下さるべく候」とあって、政権を幕府に一任したうえでの公武合体、皇女降嫁（こうか）を進めるべく、主膳の働きが期待された。だが、その皇女は、生れたばかりの孝明天皇の皇女富貴宮（ふきのみや）が考えられていたらしい。

その一方で、安政五年十月一日左大臣近衛忠熙邸で、京都所司代酒井忠義と前内大臣三条実万の三者が、朝幕間の収拾の方策を話し合っていたと『岩倉公実記』が伝える。その話のなかで、忠熙は京都西町奉行の与力加納繁三郎から、和宮の降嫁があれば幕府は公武合体の実を示すことができ、条約破棄の方策も立て得るだろうとの意見を聞き、忠熙は、和宮に有栖川宮との婚約がなければ降嫁の可能性もあるだろうと答えたことがあったと話した。これには酒井忠義、感じるところがある様子だったという。

このようにして、公武合体策をもって幕府権力の回復を窺う大老側、朝廷の安泰を図ろうとする公家側、ともに皇女の降嫁を机上にのぼせ安政五年は暮れていった。翌六年は前関白（政通）と三公（忠熙・輔熙・実万）等への圧力から始まった。まず一月七日、忠熙が信頼する近衛家老女村岡が京都西町奉行所へ出頭を命ぜられ、与力加納繁三郎の吟味を受け二月二十五日に江戸檻送になり、彼女は評定所の審問で「押込」の判決を受けた。女性で唯二人、判決「押込」を受けたなかの一人である。一月十日には幕府は四公等の処罰を内奏してきたが、孝明天皇はすぐには同意しなかった。お咎は幕府に関わりなく、朝廷限りの取計らいだとの説明を受けても納得しなかったが、幕府の圧力により四月二十二日四公に「落飾」、「慎」が命じられた。が同時に、幕府に諂諛した行為があったとして、武家伝奏東坊城聴長が永蟄居になった。

孝明天皇は疲労のためか風邪をひき、天皇本来の務めである社寺の祭礼にすら臨めない容体になり、三月二十四日の石清水臨時祭を四月十日に追行している。しかし四月二十二日の落飾・愼の「申渡」が済むと、二十七日に和宮の有栖川宮への入輿を来年（万延元年）の冬とする儀を内定した。和宮降嫁の話は全く天皇の耳に入っていなかったのだろうか。ところが一方では、皇女降嫁で「公武御一和」「上下御一致」の政道の道筋が開けるだろうと考える者もあり、五月二十五日議奏久我建通らは和宮降嫁を内議するようになっていた。そして五月二十八日、幕府は神奈川、長崎、箱館を開港、ロシア、フランス、イギリス、オランダ、アメリカの諸国との貿易を許可している。

ところが降嫁の件は、忠熙や実万が処分を受けて所司代酒井との経路がとだえ、関白と大老の経路も安政の大獄の進行、政情不安のなかで、しばらくは新たな展開が見られなくなった。だが、降嫁のお相手となる十四代将軍家茂には、伏見宮貞教親王の妹倫宮則子女王との縁談が進んでいたのに、この頃に話が打ち切られていた。幕府は皇女降嫁の方針を固めていったのであろう。

安政七年（一八六〇）二月になると、倫宮は家茂の後嗣となった和歌山藩主茂承に入輿しており、所司代酒井は三度にわたり橋本実麗邸に使いを出し、皇女降嫁を打診していた。昨年八月に富貴宮が薨去しているので、自ずと皇女は和宮に定まってきたのである。そこへもって三月三日、桜田門外で大老井伊直弼が斃れた。直弼の懐刀長野主膳は直ちに動き、国内の人士、外国人に公武一和の義を示し、国家の利益になるよう、皇女和宮の降嫁に尽力されたいと酒井忠義の用人三浦七兵衛へ働きかけた。幕府は、皇女の降嫁によって時局の好転を図る政策に望みをかけた。

2　おいや様の和宮

幕府、和宮の降嫁奏請

幕府は本腰を入れて和宮降嫁の奏請にのりだした。関白九条尚忠へ申し入れるよう所司代酒井忠義に命じた老中連署の奉書は、結婚には至らなかった霊元天皇の皇女八十宮と七代将軍家継の婚約の先例のあることを述べ、有栖川宮との婚約を解消して和宮と将軍の縁組に尽力されたい、和宮が今上（孝明天皇）の御養女と定められるといっそう都合がよい、といった内容であった。この内願を受けた九条関白は内奏をしぶったが、忠義にせかされて万延元年（一八六〇）五月一日に孝明天皇に奏上した。こうして皇女降嫁が正式に朝幕間の交渉事に入った。

天皇はこの国のためになるという公武一和の願意を無下に拒絶もできず、議奏・武家伝奏らに諮った末に内願を謝絶した。理由は和宮と有栖川宮との婚約を破談にはできない、和宮は先帝の皇女で異腹の妹宮であって、天皇の思召のままにならない、和宮は年少で、「夷人来集」の関東の地を怖れている、などであった。和宮は二月二十三日、有栖川宮との婚儀を予定して空殿になっていた桂御所へ移っていた。酒井忠義は再考を求めたが天皇はそれも却下、幕府は五月二十六日に重ねて奏請してきた。幕府が朝廷を崇敬し、公武一体の間柄にあることを国の内外に示すことは、「一天下之御治道第一之御事」（『尚忠公記』）であると力説し、和宮降嫁が攘夷決行に必要だと訴えた。

その頃、幕府は和宮の血縁者への説得を強めていた、和宮の生母観行院と伯父の橋本実麗が降嫁

旧桂宮邸（京都御苑内）

を承知しようとしなかったので、幕府は実麗や観行院の叔母にあたり、十二代将軍家慶の上臈年寄であった勝光院からの説得を試みる。家慶の生前、勝光院はもと姉小路と称して家慶に信頼され、老中阿部正弘と組んで表向きの政治に関与するほどの力を持っていた。家慶が薨じ薙髪して勝光院と号しても、江戸城を離れず二の丸に住んでいたのである。

　六月二日勝光院は甥の実麗に書状を出した。和宮の降嫁は御所様、有栖川宮、九条関白、その他の御役中がすべて承知されている、御縁組は天下泰平の基であるから、「御為筋思し召し上られ候て　御承知のようにと存候」（『岩倉公実記』）、一日も早い返事を待っていると、はったりも利かせて強い姿勢で認めていた。さらに、御手前（実麗・観行院）だけが断っていると身の為によくないから、是非是非承知するように、有栖川宮も御内輪（家計）が難しいので、肩の荷がおりることになるのだと述べていた。かつて、長野主膳も有栖川宮は薄禄で、和宮を申し請けると賄いが苦しくなるので迷惑に感じており、また、和宮が丙午の生まれなので恐れているようで、この話は実現しないとの風聞があると井伊直弼に知らせていた。

　そんな頃の万延元年六月十六日、和宮は「月見の儀」を迎えた。月見の儀はその年に十六歳を迎えた子女の成人儀礼で、歳替(としかえ)を行っていた宮は十六歳ということになり、この日は月に数多くの菓子を供え、その中から饅頭を手に取って、萩の名所の宮城野萩(みやぎのはぎ)で作った箸で饅頭に穴をあけ、月をのぞき見るのである。和宮の月見の儀では「虎屋」が月見御用を勤めたが、その記録が残っている。紙数を割くが掲げてみよう。

十六日
一　水羊羹　八棹
一　水仙まんぢう　百
一　琥珀(こはく)まんぢう　五拾
一　諏訪海(すわのうみ)　五拾
　此弐品ぎやま(ギヤマン)徳リ(利)詰メ
一　雛鶴　五拾
一　椿餅　三拾
一　大焼まんぢう　五拾
一　武蔵野　弐拾三棹
　正(しょう)ミ弐拾一棹
一　大焼まんぢう　百五拾

一　月見まんぢう　　壱ツ
一　御献まんぢう　　弐拾
（『大内帳』）

和宮は「月見まんぢう」に穴をあけて月を見たのであろうが、その後は御内衆で御囃子仕舞が催されたという。行事が終わるとくじ引によって参会者に菓子が配られることになる。幼い和宮も成人式を迎えてしまった。

孝明天皇、宮の降嫁を決意

さて、勝光院の書状に接した実麗の心は揺らぎ、降嫁問題は天皇の思召に従うと議奏久我建通に言上し、幕府は協調的でない議奏徳大寺公純の罷免を迫り、六月十八日に公純は辞職させられた。事態は足早に進んでいく。思案の孝明天皇は、侍従であり近習である岩倉具視に諮問していた。家格が低く当時右近衛権少将である具視の意見を聞く天皇を、後世の学者は、孝明天皇は「身分や地位・慣習などにとらわれず、人物を見抜き積極的に人材に意見を求める。新しい個性的な天皇だった」（佐々木克『岩倉具視』）と評価している。

岩倉具視の上書はこうであった。天皇は五蛮条約（五カ国との通商条約）の引戻（破約攘夷）を沙汰され、幕府が真実これを御請けすれば、「皇国ノ御為メト思シ召サレ、和宮エ御勧メ遊バサレ、御納得アラセラレ候エバ、関東エ御縁組ノ内願、御許容ノ御沙汰遊バサルベキ御儀と存ジ奉リ候」（『岩倉公実記』）と、和宮が納得されれば、お国のために縁組を許されるべきだと岩倉はいう。和宮の身は九鼎（天下を保つ者の宝物）より重く、降嫁は朝廷の権限を回復し、攘夷を実行するための礎と考えられた。

六月二十二日、天皇は御趣意の勅書を出した。和宮の降嫁はあながち不承知ではないが、朕の代（孝明天皇の御代）に国是を変更してはその対策に心を痛めるものである。しかし、鎖国の体制に復せるのなら、和宮を申し諭そうというのである。そして天皇は、外交措置に答えていない七月四日の降嫁請願は却下した。ついで幕府が七月二十九日に、今後七～八年乃至十カ年の間に外交を拒絶する内容の奉答書を出すと、ようやく天皇は和宮の降嫁を決意した。それからは幕府の内請を允許する内旨が伝えられ、実麗や観行院からの和宮への説得、有栖川宮との破談手続きなどが進められることになった。

八月七日、和宮は天皇に叡旨を受けると宮中へ上り、「何とぞ此の儀は恐れ入り候え共、幾重にも御断り申し上げたく願い参り候。御上（孝明天皇）のそば御はなれ申し上げ、遙ばるまいり候事、まことに心細く、御察し戴きたく、呉ぐれも恐れ入り候えども、よろしく願い入り参り候」（同前）と言上し、縁組を固く辞退した。朝廷は勾当内侍高野房子に命じ、観行院から勧説させたが宮は承服しなかった。

観行院自身も意見書を三頭女房（大典侍・新大典侍・勾当内侍）にあげ、和宮は「誠に御いや様の御事には候え共」（同前）、攘夷が実現してからの下向であれば縁組をお勧めする。しかし、関東が強請（無理に頼むこと）しない証の書物を出すのならお勧めするが、それがなければ幾重にもお断りする。と和宮の身を守りたい母親の意志を率直にあらわした。

孝明天皇は幕府の攘夷の計画を承認しているので、皇女の降嫁を実現させなければ朝廷の信義が失われると苦慮した。議奏久我の進言で、和宮があくまで辞退するなら、安政六年掌侍堀河紀子の生んだ寿万宮をとも考え、それもだめなら「譲位」だと腹を決めた。そして、和宮を、以前から和宮の入寺を願っていた林丘寺に入れようと心を決めた。林丘寺は後水尾天皇の皇女朱宮に与えられた朱宮御所から始まり、尼門跡となって皇女の入寺が続いた格式の高い寺である。天皇は和宮が先朝（仁孝天皇）の皇女であり異腹の妹である義理合いもあって、理不尽に押し付けることには心が乱れたが、実麗と観行院の行動には聞分がなく、違命ではないかと立腹した。

さて最近の研究で、天皇が和宮を皇女寿万宮にかえようとした八月十三日の九条関白への内勅が、宮内省編纂の孝明天皇の史料集『孝明天皇紀』及び日本史籍協会刊行の『九条尚忠文書四』に同じく収録されていて、それを対照すると、『孝明天皇紀』では、「手紙の中程の部分が削除されている」（井上勝生『開国と幕末変革』）ことに着目して、その部分に「天皇自身の皇女将軍降嫁への切実な意向を知ることができる。」（同前）との発言が出た。では、天皇が九条尚忠へどのように述べているか見てみよう。

両人（橋本実麗と観行院）之処、急度関東へ御申込、急度罰為レ加候様頼入候　又　於レ宮も　今度
頓と関東縁談止ニ成候儀ニなれハ　宜只（よろしき顔）ニ而　有栖川宮江縁組も成間敷　且　成候共
其者御拒ニテ　尼重畳ト存候間　左御含頼入候　加様之事予申候ニ而ハ　甚大害故　於ニ尊公

（尚忠）一も御同心なれハ御含にて　内々御申越頼入候事　（『九条尚忠文書』）

天皇は、自ら実麗と観行院を罰するよう関東に依頼し、和宮には、もし有栖川宮と縁組になったとしても朕がそれを拒むから、「尼重畳」（尼になるとよい）、と言いはなっている。皇女の降嫁を朝権回復の足掛りにする意志を固めた天皇は、降嫁が不成立なら譲位すると本気で考えていた。

天下泰平のためならば

八月十三日宸翰の写しは新大典侍勧修寺徳子・勾当内侍高野房子から和宮へ渡された。和宮は、御乳人田中絵島（藤御乳、後の少進）からも諄々と諭されていた。絵島は桂御所侍塚田季慶の縁の者で、季慶は島田左近や九条家諸大夫宇郷玄蕃から働きかけられ、絵島に縁組を妨害すれば解任されるぞと脅して、説得役を引き受けさせていたのである。絵島の本意を慥めることはできないが、絵島は言う。橋本兄妹が教唆して降嫁を辞退させるなら、実麗は落飾、観行院は蟄居、宮は孤立無援になって、「御所ヨリノ御合力米（援助米）等モイカガ成リ行クベキヤ測ラレス、御知行ノ収納米百三十石ノミニテハ、トテモ日々ニ御用度サエモ調エ兼ネ、行末ノ御困難ハ思イ遣ラルルナリ」（『岩倉公実記』）と。孝明天皇の攘夷の決意や、親族への圧力をほのめかされた和宮は、降嫁を承諾せざるをえない事態にあることを知った。

八月十五日、観行院は和宮の内諾の趣旨を受けて、新大典侍に奏上した。「御いやさまの御事なから　御上の御為と思召　関東江成らせられ候まゝ　能々申入候やう　宮様仰られ候」（同前）。ここにおいて、和宮は好まない縁談ではあるが、天皇の立場を考えて承知したのである。そして、五カ条の条件を出した。一、先帝の十七回忌の御陵参拝の後に下向し、年回毎に上洛すること。二、万事、御所の風儀を守ること。三、御所の女官一名を御側付とし、三仲間三名を随従させること。四、御用の際には橋本実麗を下向させること。五、御用の際には上﨟か年寄を上洛させること。であったが、その後、和宮は仁孝天皇十七回忌法会の後の下向を強く希望して、孝明天皇は事態の解決のために苦労することになる。

　天皇は天皇で、降嫁勅許の内定を幕府に内達させるとともに条件を出した。それは、和宮の提出した条件をまず遵守すること、政治課題としては老中が交代しても外交拒絶を誓約することを求めた。そして、縁組は国家のために公武熟談の上で決定したことであり、これを天下に周知させること、外国貿易の影響により国民生活が窮乏し、生命にかかわることもあるから、衆庶撫育の筋目を立てること、と国民の生活にも眼差しを向け、また、和宮の待遇や有栖川宮への前後措置の勘考にまで、老中からの確約を求めた。やっとのことでここまで降嫁問題は進んできたが、それでも幕府からの正式奏請、そして勅許、とはすんなり運ばなかった。

　早期の婚儀を望む幕府は、年内十一月までの下向を要請してきた。むろん、和宮はそれを拒んだ。和宮は天皇の明春下向の調停の意向にも同意しなかった。天皇が再び和宮に代えて寿万宮の下向をはかったが、所司代酒井は、老中に伝えることを拒絶、行き詰まってしまった。その後、老齢にもかかわらず和宮を説得するために入京していた勝光院やまた島田左近などが橋本実麗に執拗に働きかけ、和宮はようやく明春の下向を内諾した。和宮は孝明天皇から心情を慰諭されると返書を奉った。

御上にもかれこれ御心配遊ばし戴き　御あつき思召様の程　段々伺ひ　誠に恐れ入りまいらせ候まゝ　天下泰平の為め　誠にいや〳〵の事　余儀なく御うけ申上候事におわしまし候（中略）また下向いたし遠方とて御兄だい（弟）の御中御きりあそばされ候御事はあらせられず　御杖になり戴き参らせ候よし　御厚き思召迄　深く辱りまいらせ候　猶よろしく願ひ置まいらせ候。（後略）（同前）

和宮は「天下泰平」の為、天皇の心情も理解して、降嫁を承諾し、天皇に自分の杖になってほしいと願った。天皇は十二カ条の趣意書を幕府に提示して、なかでも「一、和宮生涯総テ火ヲ清メ候事右ニ付外々へ他行ハ無之事　但遊参等之節ハ清火持参故　別段之事」（『孝明天皇紀』）と、皇女は常に「清浄」であるべきことを要求し、幕府に和宮が「皇族」であるとの認識を失わせないようにさせ、幕府はそれを承知した。

3　おつかれ様の庭田嗣子

和宮、縁談を断わる

将軍家茂の使者所司代酒井忠義、養母天璋院の使者高家横瀬貞固の和宮降嫁の奏請により、万延元年（一八六〇）十月十八日、孝明天皇は勅許の旨を示され、翌日、議奏久我建通から朝臣一般に通達された。その日朝廷から縁組御用掛として中山忠能、橋本実麗、野宮定功などが任ぜられ、それから和宮付女官の選考にはいった。こうして和宮降嫁は公然の事になった。が……。

十月二十九日、先代から勤める女官の一人を下向に付けるようにと和宮が希望したので、「誠に〳〵気毒々には思しめされ候へ共」（『心おほえ』）と、嗣子にその役をとの御沙汰があった。この時節にこの御用とは、たやすからぬ重大事である。嗣子は「誠に恐入々々候得共　此儀は幾重に御理申上度存候」（同前）と断わった。白羽の矢を立てられた嗣子とは、先帝仁孝天皇に仕えた宰相典侍庭田嗣子である。天皇が崩御になっても退官が許されず、孝明天皇の践祚の後も、後宮女官の指導にあたっていた。父は庭田家二十九代権大納言庭田重能。庭田家は世々神楽を家業とする羽林家（貴族の家格の一つ）で、嗣子は文政三年（一八二〇）生まれの当時、四十一歳であった。

庭田家の家督は嗣子より一歳年下の三十一代庭田重胤が継いでおり、嗣子の母は老齢ながら健在であった。嗣子の下向の付添は、奥向きからは大典侍（中山績子）や長橋局（勾当内侍高野房子）から、表向きは武家伝奏広橋光成からの申渡しがあり、里方の重胤は、老母がきつう歎いていて嗣子は多病で常薬の用意が必要なので医師安藤石見介を同行させたい、御婚礼がすみ、御所風儀などが定まれば早々に帰してほしいなどの条件をつけていた。しかし、十一月五日に至って重胤は、これ以上断っていては「不忠」になるから、嗣子の行届かないところは仁恕を願い、宰相典侍のままで召抱えられ、天皇の御譲位までの間の勤めとしてお請すると返答した。

それからは下向に必要な衣類諸道具などを調べ、仕度金の願書や江戸での暮し方、召連れる供廻りの人数などについての願書を提出していた。その最中、朝廷では和宮の内親王宣下の儀が内々に進み、天璋院との順次についての配慮がなされていたので、関東下向は順調に運ぶかに見えたが、またも暗礁（あんしょう）に乗りあげた。

幕府は公武合体の道すじは立てたが、外交問題に苦慮していた。プロシヤ、スイス、ベルギーの三カ国が通商条約締結を迫り、五カ国と通商条約を結んだ幕府はそれを拒否することはできず、三カ国との条約締結を決意して、十一月十日に老中は実状を示した書翰を所司代酒井忠義に送った。忠義はそれをそのままに関白九条尚忠に上げることができず、忠義なりの条約締結の理由を述べた。それは三国の要求を拒絶すれば、アメリカなども加わって日本国中が戦争の地となり、百姓が塗炭の苦しみを受け、日本は清朝（しんちょう）の轍（てつ）を踏むことになる。国内が一致して武備整頓のできるまで待って、一気に攘夷の計策を立てるのが得策だと。

孝明天皇は「逆鱗（げきりん）」した。和宮の降嫁は破談と表明、驚いた武家伝奏二人は、破談は何時でもできるから、延引と仰せられたいと願う。これを知って和宮は、縁談を断りたいといった。

か様なる事にて　誠に誠にこまり〳〵候処　此縁たん御やめにも遊し戴候とのおほしめし　誠に〳〵有かたく存上まいらせ候　左様にも相成不レ申はゝ　何とそ異国人みな〳〵退散いたし　関東おたやかになり候上にも候ハヽ参り候へ共　さも無ては　此縁たん御理（おことわり）仰遣され候様　何とそ〳〵よろしく願上まいらせ候　かしく

かす上

言上　　誰そ申給へ　　（『孝明天皇紀』）

はたと困った酒井忠義は、病いと称して武家伝奏との面談を避け、密かに九条尚忠に助力を求めた。そして、武家伝奏に自分が副翰を添えたのは関白と所司代の内々の交渉だったことにしてほしいと懇請してきた。ここで天皇が譲歩してしまったのでこの紛議は収まってしまった。和宮はどんな思いだったろう。

万延元年作の一勇斎（いちゆうさい）（歌川）国芳（くによし）の錦絵に、「狐の嫁入図」があるが、和宮降嫁を諷刺した絵だといわれている。空は晴れているのに雨が降る不思議な現象のなか、人間を化かす雌狐（めぎつね）が嫁入りする。和宮が雌狐ではなかろうが、複雑に動く政局のなかで揺れに揺れる降嫁問題は、庶民にとっては摩訶（まか）不思議、何かに化かされているようだったのである。さらには、絵師歌川芳虎が同年五月に「時参不計孤嫁入見図（ときまいりはからずもきつねのよめいりをみるのず）」（口絵2頁上参照）を出版している。丑（うし）の時参りにやってきた若き女性が、はからずも狐の嫁入りに出会ってしまった。暗闇のなかを妖しげに消えて行く一行を、悪鬼神の威力をかりて恨む相手をのろい殺そうとする女性が、驚きの表情でじいっと見つめている絵である。深い深い恨みをもった女性は、和宮に哀れを感じていたのであろうか。やるせない光景である。しかし、それにしても幕末にもなれば、政治情勢はリアルタイムに民衆に伝わっていた。

要求たしかな庭田嗣子

さて、典侍庭田嗣子は医師の付添いは断られてしまったが、下向についての条件要請はしっかりやっていた。十二月十六日に和宮付の女官などが任命され、二十五日には関東からの使者がきて、和宮に納采（結納）の礼を行った。嗣子はまずは仕度金の前借を表向きは武家伝奏に、奥向きは長橋局に願い、「典侍」のまま下向するので京都での知行はそのままで、関東からの宛行（給与）も合せて拝領したいと願い出た。

その頃、この夏以来の和宮降嫁に反対する勢力の活動が活発になっていて、朝臣の間でも久我建通、岩倉具視、千種有文らに非難の目が向き、建通らは幕府から賄賂をもらい、所司代に荷担し、天皇を欺いて、和宮を人質にする幕府の策謀にはまっていると非難して、和宮降嫁の中止の諫奏を企てる者もあり、降嫁の勅許が出ると下向反対の気運がますます高まっていった。

それでも嗣子は自分の経済力の安定のために力を入れており、文久元年（一八六一）二月になって、要求していた仕度金千四百両が千二百五十両に減額され、江戸での持ち屋敷の要求は却下されてしまった。さらに、千二百五十両の半金六百両だけの先払いになって、この金子の授受も伝奏衆の雑掌から里方の雑掌へ廻ってということになる。ところが、またまた水戸や江戸で不穏な事件が起ったので、東海道筋の諸川の増水と水戸浪士らの横行を理由に、幕府から下向延引の要請が出され、道中は中山道へ変更になった。

余談ながら、東海道には浜名湖の湖南に「今切関所」があり、「今切れる」を避けて、花嫁道中は浜名湖の北側をぐるりと廻って浜松に着き、その道を「姫街道」と呼んでいた。さらに、清水と興津の間に「薩埵峠」があって、「去った」では縁起が悪いのでここも避けたいから、峠の多い険路であっても中山道を選んだので、中山道は「姫街道」とも呼ばれていた。ちなみに、二代将軍徳川秀忠の女和子が後水尾天皇に入内した時も中山道を通っていた。しかし、正直なところは東海道は諸河川の増水で川留になったり、桑名から宮まで、新居から舞坂までが海路であったりして、荷物の運送に手間がかかるのが理由だったのであろう。

波瀾のなかの親子内親王

本題にもどる。政情不安、社会不安で和宮降嫁の日程が決らなくても、昨年十月の降嫁勅許の内達にあたり、幕府に提示した十二カ条の趣意書のなかの一つ、和宮下向以前の内親王宣下は行われた。四月十九日、和宮は内親王親子女王と宣下された。文章博士桑原為政が勘進した候補名の中から、孝明天皇が選定した名である。礼記の「君臣正　父子親　長幼和而后礼義立」（冠義章）、すなわち、君臣正しく　父子親しみ　長幼和ぎて　后　礼儀立つの、父子親しみの親子であった。幕府は大奥での和宮と天璋院の順次にかかわらず、和宮は「別格之御取扱」と定めていて、しっかり気を遣っていた。そして、従兄弟の橋本実梁が和宮家司に補された。

さて、和宮は念願の実家橋本邸内の鎮守社の参詣にも江戸の許可が必要で、やっとのことで実現した。四月二十四日には石清水八幡宮の参詣となるが、その行列は大仰なものだった。供奉する者は広橋光成、中山忠能、橋本実梁等々、女官は宰相典侍（庭田嗣子）、命婦能登（鴨脚克子）、三仲間（女孺、御末、御服所の女官）の中の二人（梅と松江）、次官女房上臈の一人、御乳人（少進）などなど。和宮の母観行院と官の女房上臈一人は先廻りで、石清水へ向った。途中の御休所には武家の奉仕した草木、花の鉢物や陶器などが飾られ、御休坊では鳩や小鳥が放生(ほうじょう)された。「不浄の人々」は御休所で待機、嗣子も「清からす候ゆへ」社殿へは参らず、橋本父子が衣冠に着がえて供奉した。

この不穏な世上のなか、参詣が「御する〱済せられ」たことでもあり、嗣子に御用掛から手当金十両、ご苦労代に別に御末(おすえ)（三仲間の一つ。奥御膳番）から白金(しろかね)五枚が渡された。能登へは手当金十両と別に白金三枚だった。六月二十五日には下向に従う家来一同の仕度金の半分三百九十二両が渡され、所司代の公用人三浦七兵衛が親切にしてくれた。嬉しくなった嗣子と能登は、二幅対(にふくつい)の絵賛物(えさんもの)（詞書や詩文を伴った絵画）を贈り、嗣子は別に肩衣地(かたぎぬじ)（袖なしの胴衣の布地(きれじ)）と袴地(はかまじ)など、能登は越後縞(えちごじま)（越後産の縞木綿(しまもめん)）を贈った。こうして公用人と親密な関係をつくっているのに、七月二日、幕府は浪人の取締りが一段落したので、下向は九月から十月の間に定めたいと申して来た。ところが和宮が、明春の先帝の十七回忌を終えてからの下向を切願したので天皇は和宮に同情して、幕府に来春三月までの延期の諒解をとるように命じた。困惑した九条関白は所司代酒井に、実のところは破談を望んでいると告げた。酒井は驚いた。酒井は縁組破談は朝廷が信義を破ったことになり、勅諚はすべて風雲変態の如くになると責め、朝廷諸役の引責の覚悟ま

石清水八幡宮（京都府八幡市）

で促す抗議の奉答書を出した。

孝明天皇はこの所司代の不遜な態度に激怒し、上席の議奏に内議したところ中山忠能は天皇を諫め、また、岩倉具視、千種有文らの朝臣が周旋に努力した。その結果、酒井が失言を釈明し、八月五日、天皇は関東下向を十月中~下旬と定めた。この治定は長橋局から女官衆一同に伝えられ、またもや仕度金の話になる。

下向を前に女官たち

八月十九日、所司代の計らいで、出費も多くなるだろうからと関東から嗣子へ三百両、能登へ二百両が渡され、それで嗣子が七両ずつ、能登が三両ずつの合計十両ずつを出して、供をする御末の梅と御服所の松江の二人に福分した。部下には気を遣うものである。その頃、嗣子へ在府中は現米四斗俵で百二十俵ずつ、金百両ずつを年々下されることになった。これについて嗣子は、江戸で不足が生じたら、またまた願い出るので、その節はよろしくとしっかり長橋局に申し出ている。そんなしっかり嗣子でも、仕度金の半金と土産物の下行金を所司代に要求してもなしの礫。庭田家から頼んでもらっても「とふも〳〵むつかしく」との返答で、少進が気の毒に思って和宮の御納戸から、内々に金六百両を拝借してくれた。能登も同様で五百両を拝借し、ようやく出立できる準備が整ったのである。

十月三日、お日柄がよいので前日から参内していた和宮は、首途の儀として祇園社に参詣した。童（下げ垂らした髪）で小袖に打掛け姿、青糸毛（屋形の上を青色の絹糸で葺いて全車を覆い、先端を垂らして装飾にした牛車）に乗る。乗り添いはお季御寮人と嗣子、紫糸毛（紫色の絹糸で車箱を飾った牛車）

には能登とお鎮御寮人とおるい御寮人、八葉（車箱の表面を青地に黄で八葉の丸の文様を散らした網代車）にはお治御寮人、お信御寮人が乗って従った。還御になると天皇と御対面、それから賑々しく御祝宴となり、敏宮とも対面し、「御事　何も御する〳〵にて　めてたし〳〵」と嗣子は少し肩の荷をおろしていた。

下向の日が近付くと、和宮は嗣子や能登、三仲間に付添われ、六月に移ったばかりの敏宮の河原御殿（輪王寺門跡の京都の里坊）にお暇の挨拶にあがり、いろいろの話をして一献、楽しくすごして帰ると亥刻過（夜の十時頃）になっていた。翌日は参内して、天皇や観行院、准后（九条夙子）、親王（睦仁）に、次々と衣裳や髪形を変えて挨拶に上がり、名残りを惜しんで盃を交わした。拝領物も数々あって、なかでも宸筆の品は和宮の胸をうった。十七日から、嗣子は和宮の桂御所に住うことになり、あちこちへお暇の挨拶に上がった。准后から召古しの紅梅地の繻珍（紅梅色の繻子）の服などを拝領、大典侍（中山績子）や新大典侍（勧修寺徳子）からも様々な品を拝領、その他の方々からも多くの品々を頂いたので、嗣子はそれを書きあげている。そのなかに、勅筆の「万事心得方」が御紋ちらしの御文庫に入っていて、深く恐れ入った次第であった。

この年、宰相典侍（庭田嗣子）は四十一歳、能登（鴨脚克子）は四十六歳、和宮に従って江戸へ下り江戸大奥で生活することになる高齢の二人にとって、これからも大いにお疲れ様のことになる。

4　お国の為の親子内親王

それにしても、孝明天皇は心を痛めていた。世上では皮肉まじりに、権関白（久我建通）は手下の髭和尚（千種有文）、守宮（岩倉具視）を顎で使い、関東から賄賂をもらって所司代に荷担し、三頭の女房（大典侍、新大典侍、勾当内侍）に諂諛して天皇を騙し、和宮を人質にする姦策を助けているとの噂が飛びかっているなかの和宮降嫁には、胸につかえるものがあった。

心に決めて京都出立

十月十七日の夜、孝明天皇は久我建通と正親町三条実愛のいる小座敷に具視と有文を召し、勅語を賜わった。朕は一人の皇妹を庇護できず、忍びがたいのであるが、骨肉の愛情によって国家を棄てることはできない、

> 朕　再三親諭スルニ及ンテ　和宮ハ一女子ノ身ヲ以テ　国難ヲ匡済スルノ用ニ供スルコトヲ得ハ
> 水火ノ中ニ投スルモ辞セス　ト上答シテ　之ヲ承諾セリ　（中略）
> 朕　之ヲ念ヘハ離別ノ情ヲ堪ヘサルナリ　卿等扈従シテ関東ヘ到着セハ　和宮カ嘗テ内願ノ事件ハ
> 奉承実行センコトヲ　猶　老中ニ面諭スヘシ
>
> （『岩倉公実紀』）

と。和宮は国の乱れを救うために水火に身を投じてもかまわないと、降嫁を決心している。自分は離別の情けに堪えないが、具視、有文の二人は老中に面談して、和宮の願いを実行せよ。と天皇の意を伝えるように命じたのである。

さて、和宮には持病の「足痛」があって輿に乗っての旅は難しかったが追々よくなり、背中の腫物、足の凝りの悩みは、代々天皇の信仰を得て王城守護の神と崇められる護浄院（清荒神）で、祐宮（のちの明治天皇）の病を平癒した権僧正湛海の加持によって、日に日によくなった。ところが、それより先、中山忠能と橋本実麗が所労のため下向の延引が取沙汰されるようになった。十月九日、和宮は直筆で下向の延引願いを書いて、母観行院に託した。

> 中山　橋本　余ほと念入り所ろうにて　廿日迄に全くわいの事をほつかなく　をひ〳〵寒さに向ひ道中はむつかしき由　医師共　申居候由　承り候まゝ　右両人は　万事世話いたしくれ候人ゝ又　宰相中将（橋本実麗）は、前ゝよりせわに成　力に致し居候事故　一しよに参り候はねは　心ほそくそんし候まゝ　何とそ　所ろうとくと全くわい致し候まて　出立見合の事　願度そんしまいらせ候（後略）
>
> （『孝明天皇紀』書陵部展示、図録）

しかし、所司代酒井若狭守は和宮の心中を察して関東へ示談を依頼したが、幕府は、延引になれば江戸到着が遅れ、行列に関わる人々「数万人之難渋」になると酒井に断らせた。和宮は、

もはや延引の事願申さす候　乍去　中山にはをひ〳〵よろしく　廿日には出候やの由　橋本には
廿日出立の事は六つかしき由に候へ共　追々よろしく候は丶　跡より追付参候様申こし候ま丶　先
廿日出立いたし　橋本著いたし候まて　幾日にても清水（江戸の清水屋敷）にとうりう（逗留）の事　願ま
いらせ候　何とそ〳〵　是たけ若狭（酒井忠義）にも承知の様　仰立られの御事　わけて願度
右承知の事相成候は丶　なんき（難儀）に候へ共　廿日に出立致しまいらせ候事とそんし（存）まいらせ候ま丶
毎度〳〵恐入候へ共　よろしく願上まいらせ候（後略）

御請言上　　　ちか子上

誰そ申給へ

（『孝明天皇紀』）

と。親子内親王としてもう日延べの事は願わない、予定の通り二十日に出立するぞと、扈従の公家には心を遣いながら、凛として関東下向を受けとめるようになっていた。

京都府立総合資料館の新収古文書の『船屋太兵衛家文書』のなかに、文久元年（一八六一）四月付の「和宮様御用桂御所御池庭御船絵図」がある。和宮が桂御所で船遊びに乗った船と伝えられ、このずんぐりした型の木造船が邸内の池に浮かんでいたのであろうか。だが、これから関東へ向おうとする宮の船旅は、こんな優しい船で漕ぎ行けるものではなく、大波濤、大怒濤を予期する旅であった。宮の穏やかな日々と別れを告げる「時」は迫ってきた。

十月二十日、その日の親子内親王は機嫌がよかった。卯刻（午前六時頃）、長橋局一行が桂御所へ出

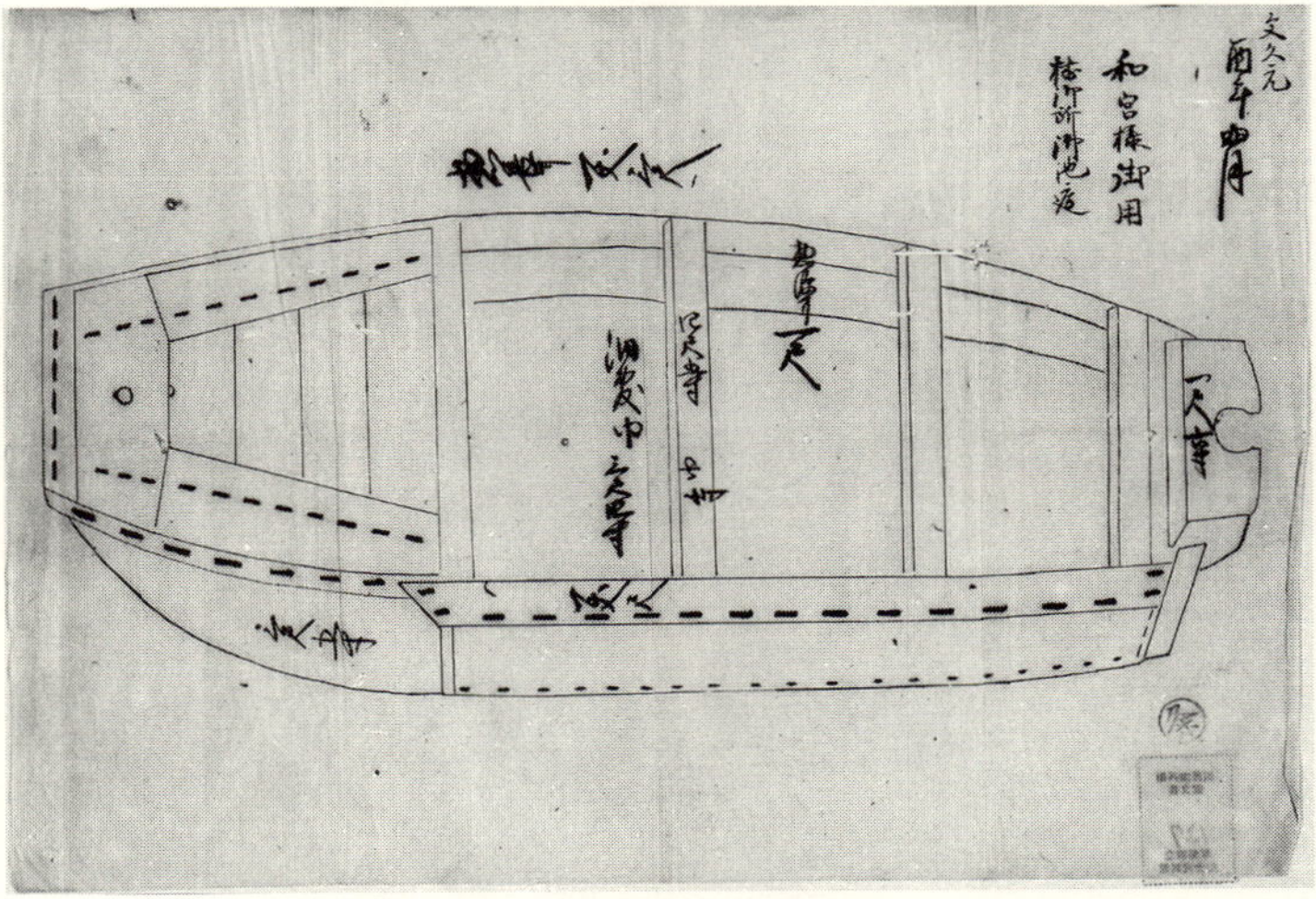

「和宮様御用桂御所御池御船絵図」（船屋太兵衛家文書，京都府立総合資料館蔵）

迎えに上がり、祝いの酒が出た。観行院は先廻り、嗣子をはじめお付きの上臈一同が供奉する。『和宮様下向日記一』（信濃史料刊行会）によれば次のようである。

御所ヨリ御差副女房衆
　宰相典侍（スケノキン）御局
　　能登殿
　　むめ
　　まつ江
宮様御附女房衆
　御上臈（シャウロウ）
　　於寿衛
　　於はる
　　於のぶ
　御乳人（メノト）
　　ふし（藤）（ママ）御乳

御年寄（ママ）　玉しま
　八重崎
惣女嬬（ショウロウ）　拾五人

お迎えのために上京している将軍付の上臈花園（はなぞの）が門前にきたが対面の時間がなく、内親王は旅行用の板輿（いたごし）（屋根や腰の両側を板張りにした輿）で、辰刻過（たつ）（午前八時頃）に出立となった。

奉供するのは病いの癒えた権大納言中山忠能（ごんのだいなごん）（ただやす）、権中納言今出川実順（ごんのちゅうなごん）（さねより）、行列の警備役左近衛権中将（さこんえ）八条隆声（たかな）、孝明天皇の女房重子（しげこ）の兄左近衛権中将今城定国（いまきさだくに）、降嫁にかかわった立役者左近衛権少将千種有文、功労者右近衛権少将岩倉具視（うこんえ）、詔勅の宣下（せんげ）をつかさどる中務権大輔富小路敬直（ちゅうむごんのおおすけとみのこうじひろなお）らの公卿、殿上人（てんじょうびと）以下、地下（じげ）の官人たち。行列の先駆は手兵を率いた京都東町奉行関出雲守行篤（ゆきあつ）、上京してきた若年寄加納遠江守久徴（ひさあきら）は列の後に加わった。武家伝奏（ぶけてんそう）広橋光成・坊城俊克、参議野宮定功らは列外に従っていた。

前代未聞の中山道

孝明天皇は猿ヵ辻（さる）（つじ）（御所の鬼門（きもん））の築地（ついじ）の小さな門まで出御して、すぐ近くを通る親子内親王の行列を見送っていた。和宮一行は山科で昼食をとり、大津宿に着いた。和宮は早速花園と対面し、次々にやってくる御所関係の使いの者の挨拶をうけ、大津は大混乱になっていた。その夜は嗣子が本陣で泊まり、能登は下陣に引いたが、観行院の夜具類が到着せず、観行院は嗣子の側(そば)で休息するというハプニングもあった。和宮はよく眠り、翌日も使いの者からお見舞いのお菓子や田麩(でんぶ)（鰹節(かつおぶし)を粉末にして酒と醤油でいり煮したもの）など、いろいろな物が献上され、里方の橋本実梁(さねやな)夫妻もご機嫌伺いに参上した。

そして、その日、大津宿へ勅使が遣わされ、岩倉と千種に天皇の命が伝えられた。孝明天皇は二人に、安政の大獄に関わって幕府に処罰された公家の大赦、公武一和に尽した所司代酒井忠義の異動がないようにと老中に要求させるのであった。官位も地位も高くない岩倉が、江戸で十分に働けるようにとの配慮であり、江戸大奥に住むことになる和宮を慮(おもんぱか)ってのことでもあった。やはり、天皇は和宮を案じていた。

大津宿を後にした和宮の一行は、草津宿で昼食、守山泊への旅程をとる。草津宿本陣に残る『仁孝天皇御末女和宮様御下向御列書』によると、行列は千数百人、京方と江戸方の警護や人足を加えると総数三万人にのぼり、御輿(みこし)の警護には十二藩、沿道警備には二十九藩が動員され、降嫁に反対する過激派の動向に神経をとがらせていた。草津の宿所では前以(まえもって)の見分があり、道路は改修して砂利が敷かれ、通行の直前には砂がまかれた。当日は本陣、脇本陣をはじめ、商家・民家を含めて百三軒に宿割り（休憩・昼食）され、その数は草津宿の総家数の四軒に一軒近くの割合であった。この下向は荷物も多く、婚礼道具は大垣経由で東海道へ廻っていたが草津周辺の村々からは、和宮通過の前々日から前日・当日・後日の四日間に人足一万人、馬五百疋が助郷(すけごう)として動員され、街道筋の村々には大きな負担となったのである。

草津宿本陣（滋賀県草津市）

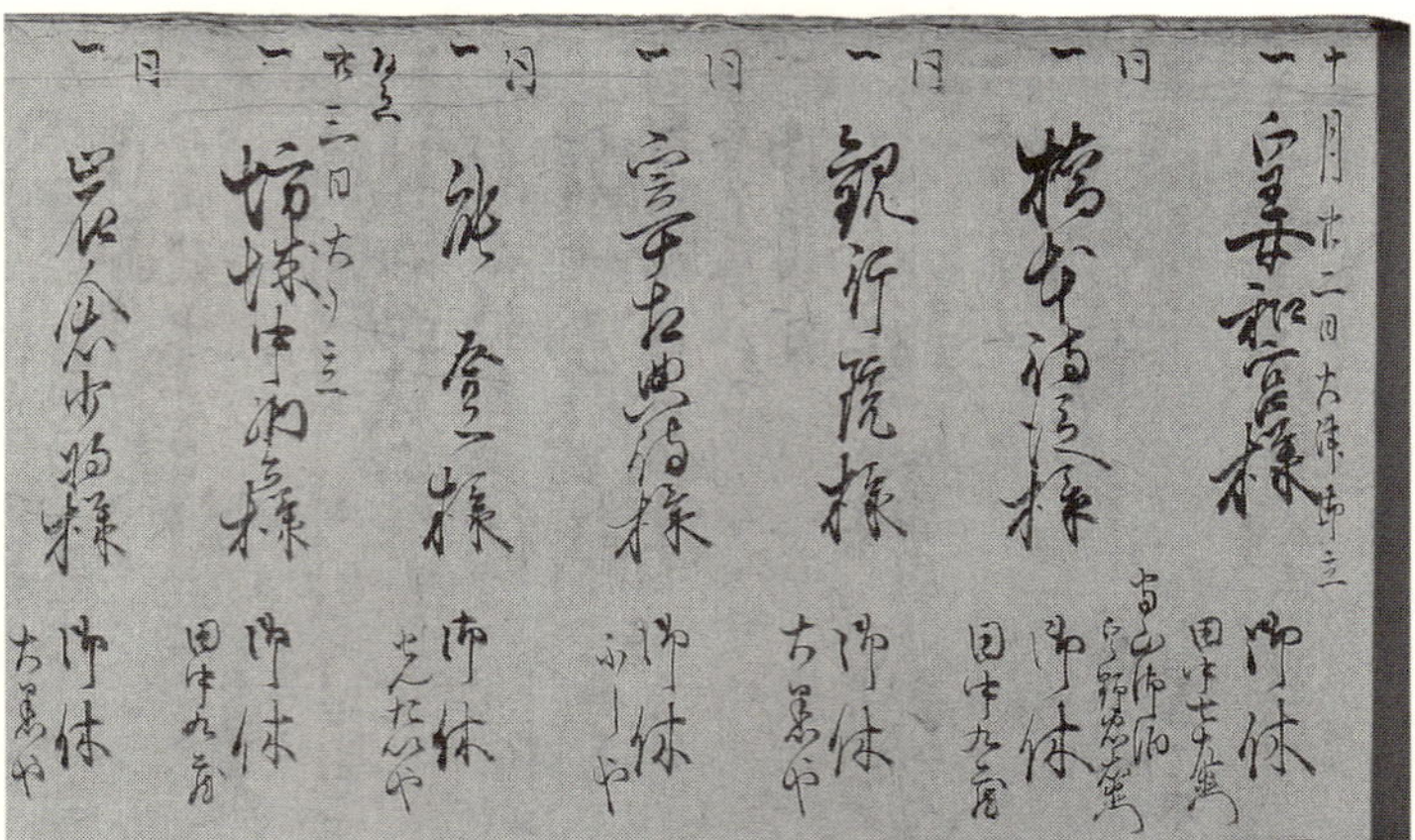

和宮の名前が記された文久元年大福帳（史跡草津宿本陣提供）

和宮は毎日機嫌よく目覚め、薄化粧をして輿に乗り、嗣子と能登は隔日に本陣に泊って和宮の世話をした。和宮は美濃国の「よほと（余程）〳〵の山坂」に入っても動ずることなく、信濃国へ入り雨が強く降って「よほと〳〵山坂」が嶮しくなっても動じなかった。十一月五日快晴の日に、初めて諏訪湖と富士山を見たのだが、その後は雪の散らつく日が続き、上野国板鼻宿で風邪気味になってしまった。だがこの日は、桂御所の後かたずけで遅れて出立した少進（藤御乳）などが追いついてきた。風邪気味は続いたが、十四日武蔵国板橋宿では、体調がよくなって東海道を廻ってきた橋本実麗と会うことができ、広橋光成、中山忠能、野宮定功、侍従の小倉大夫らもご機嫌伺いにきた。明日は江戸の清水屋敷に入ることになる。

この和宮の降嫁については、「皇女和宮の降嫁図」や「和宮東下向列図」等々、数多くの刷り物が出て人々の手に渡った。祝福芸や瓦板の板行などを生活の糧とする合棟乞丐の支配頭仁太夫も、和宮の「供奉諸官人の旅館附幷にその行列次第」を刷って江戸で広布した。和宮の降嫁は世上大注目の事件だけあって、社会の隅々にまで知れわたったのである。

ところで、宮家や公卿の息女が将軍家へ輿入れのため、中山道を下る行列はそれまでにも数々あった。五十宮が十一代将軍家治へ、楽宮が十二代将軍家慶へ、有姫が十三代将軍家定へ、寿明姫が家定の後妻にと、その行列は順をおって豪華になっていた。しかし、親子内親王の行列は「前代未聞の盛儀」であった。和宮が通る沿道は、村人は外出禁止、男は家の片かげで慎しみ、女は姿を見せてはならない、通行の見下せる山や高みに出てはならない、商売は禁止、犬猫は鳴き声が聞えぬ遠方に繋

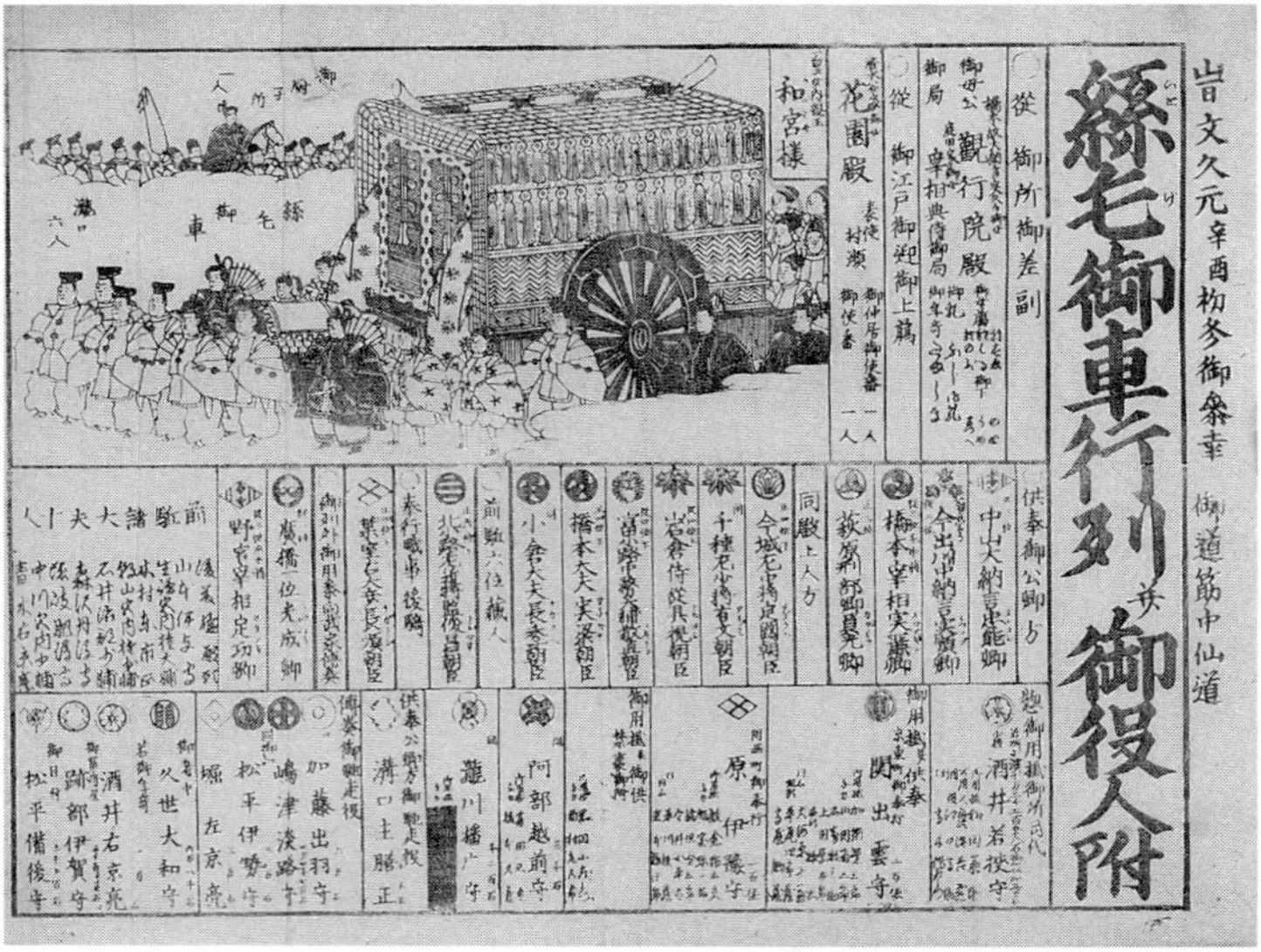

「絲毛御車行列并御役人附」（草津宿街道交流館蔵）

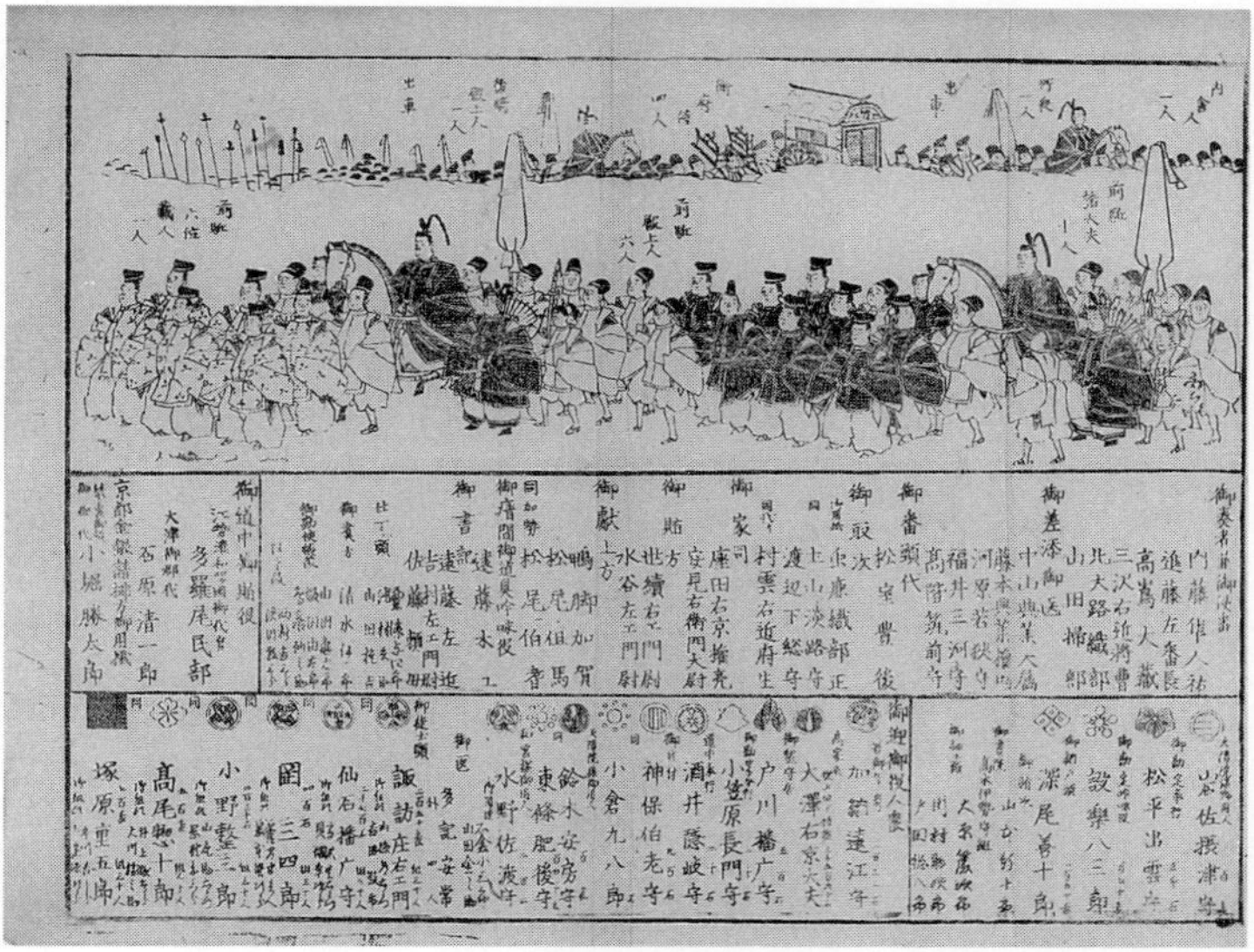

皇女和宮の降嫁図

ぐ、寺の鐘、水車の音など鳴り物は禁止。そして火の用心と。それはそれは厳重なもので、危機管理には細心の注意がはらわれた。

この四日間にわたる行列では、おびただしい数の継立の人足と馬の調達が大問題で、助郷による村人だけでは到底足りず、雇い人足を集める問屋が右往左往した。江戸で雇った人足三千人などは、通し人足として働いている。問屋は行列の状況を知るために、「早足の者」をとばして情報を得ていた。また、人足や馬を集めると、人馬小屋の新設も必要になる。人足・馬士は一坪に四人の割合、馬は一疋につき六尺と四尺の割合の建物が基準になって、各宿ではそのために五百〜六百両の費用がかかった。馬の餌代もさることながら、人足の弁当は一食が玄米二合五勺の割で支給されたが宿場ではとても炊事ができないので、人足たちは握り飯か焼餅にこしらえ、味噌、漬物も持参することになる。この人足の仕事のための往復の食事代は自前であった。

宿場で用意するものは様々で、村々から借り受けなければならなかった。刀掛け、三宝、蒲団、枕、縁取屏風、行灯、燭台、風呂桶、盥、手拭掛け、水溜桶、荷い桶、釜、鍋、薬罐、多葉粉盆、畳、火鉢、茶碗、杓子、毛氈、座蒲団等々、枚挙にいとまがない。それも村々では個々人から借りるので、その貸借証文の事務手続きだけでも大変なものだった。

和宮下向の顕彰

近年、和宮下向の御用日記や下向に関する研究書が各地で出版され、また、各地の歴史資料館がテーマを定めて史料や絵画、和宮から下賜された品々、当時使用した器物などの展示会を催し、図録も出版されて、広く実情に接する機会が得られるようになった。

なかでも、『和宮御方様下向御道中御次献立帳』（西村幹夫氏蔵）によって食事の献立が明らかになり、各地で料理が再現され展示されて、和宮の存在が身近に感じられるようになっている（口絵2頁下参照）。

さて、庭田嗣子の日記によれば和宮はご機嫌よくお目覚めの日々であるが、和宮の心の中はどうであったか。

すみなれし都路（みやこじ）出て今日幾日　いそく（急ぐ）もつらきあつ（東路）まちの旅

和宮が美濃の呂久（ろく）川（現・揖斐（いび）川）を渡るとき、土地の豪族真淵（まぶち）某が紅葉一枝を差し出した、

落ちて行く身と知りながら紅葉はの　人なつかしくこ（焦）かれこそすれ

道は続く、

宿りする里はいつ（何処）こそ峯越えて　ゆけともふかき木曾の山みち

和宮は、辛さ心細さに耐えながら人々を懐かしみ、風邪にも耐えて、しかし心は決っていった。

惜しまし な君と民とのためならは　身は武蔵野の露と消ゆとも

この歌は降嫁を決心したときの述懐として伝えられていたが、近年は文久三年（一八六三）春の将軍家茂上洛中に詠んだと推定されるようになった。何時、何処で詠んだとしても、天皇と人民のために、いやお国のために東路を下ろうとした和宮の決心に変りはない。和宮は夷人を怖れ、一途に攘夷を願ったが、お国のために尽す親子内親王でありたかったのであろう。

「日本歴史街道」が推奨されるなか、街道めぐりが盛んになって、中山道では和宮が偲ばれている。たとえば、瑞穂市呂久では呂久川の渡御を記念して、昭和四年四月二十六日に「小簾紅園」を開園し、「落ちて行く……」の歌碑を建てていたが、現在では「和宮遺跡保存会」が毎年春と秋にこの公園で例祭を行っているというようにである。

和宮は、落ちていく身を悲しむだけの宮でなく、また、皇国史観によったお国のために死を潔しとする宮でもなく、幕末という時代に雲居に育ち、幼少ながら天皇家、朝廷のあり様を身をもって知り、自分が国の存在に関わる任務をもっていることを認識していき、国の民を慈しむことを学んできた和宮であったと考える。そんな親子内親王を顕彰してほしい。

第三章　大奥の親子内親王

1　十四代将軍の御台所

内親王の江戸入城

文久元年（一八六一）十一月十五日、風邪気味の和宮は庭田嗣子、能登、松江などに傅かれ、中山忠能、橋本実麗、実梁父子、小倉大夫らに供奉され、板橋宿を出立して、申刻（午後四時頃）清水屋敷に到着した。清水屋敷は九代将軍家重の第二子重好が構えた三卿の一家、清水家の屋敷で江戸城清水門内にあった。

和宮の輿は、女陸尺（貴人の駕籠を担ぐ女人足）によって玄関へ担き上げられた。これは江戸の風儀で、京の風儀ではない。嗣子は「何事も大分むつかしく相成り候」（『心おほえ』）と直感した。早々に先廻りで到着していた花園が、今日からは江戸の風儀にするのかどうか、伺いを立ててきた。もちろん、京風儀にと返答。花園は天璋院の使いも兼ねて献上物などを進め、宮のお迎えに上京していた表使（おもてづかい）などが面会を求めてくると、嗣子は「御所かたにてふさかり（塞）　むつかしく候故　非常のほかは先々面会致さぬよし」ときっぱり断った。が、翌日から和宮は床につき、嗣子も風邪で引こもり、もやもやしていた。

二十一日、議奏（ぎそう）と武家伝奏（ぶけてんそう）が登城して将軍に謁（えっ）した。岩倉具視（いわくらともみ）と千種有文（ちぐさありふみ）は別室で、老中久世広周（くぜひろちか）、安藤信正（あんどうのぶまさ）と会見し、世上の風説についての幕府の所信を厳しく質（ただ）した。清水屋敷では嗣子は欠勤で、観行院（かんぎょういん）と能登が相談ごとをしていた。その翌日、橋本実麗がやって来ると、和宮が出していた降嫁の条件が、「何方（いずかた）の行違いに候や　皆々　御相違の御事共のよし」という話を聞いて、「驚々入候事」の事態となっていて、「右に付いろ〳〵御評議（ごひょうぎ）也」と、到着早々から壁につき当っていた。嗣子も玉島も、少進（しょうしん）も疲れが出ていたが、それでも、宮への挨拶の差配や到来物の受継ぎなど、宮の側近達はよく働いた。

さて、表舞台の岩倉・千種と久世・安藤の会談では、岩倉は勅書にある幕府の背信行為の噂について詰寄った。幕府が和宮を人質として、廃帝を企てているとの風聞、外国に海岸の測量を許し、老中は夷人と親しく接しているとの風説などを問い質（ただ）し、流言が宸襟（しんきん）を悩しているのは臣等（しんら）の罪であると言い切った。久世・安藤は釈明し、謝罪するが、岩倉はそれだけでは許さず、将軍の誓書を上げて二心（ふたごころ）なきことを明らかにするよう要求した。ところがその数日後、明春の先帝（仁孝天皇）年回のための上洛は、宮をはじめ女官たちが江戸での勝手がわからないままに、また、すぐの上京には無理があるので、宮の方から願い下げる様に圧力をかけてきた。しかし、嗣子はこの事は御所へ知らせるといって頷（うなず）かなかった。

十二月二日、ようやく和宮の入城が十一日と決定した。扈従（こしょう）の忠能・実麗などと幕府の表役人（おもてやくにん）や大奥の女官の間での御所風遵守（じゅんしゅ）に認識の差が大きく、調整が難航していたので遅れたのである。三日、和宮はお化粧をして供奉の堂上方（どうじょうがた）の恐悦（きょうえつ）の挨拶をうけ、広橋光成（みつしげ）、中山忠能、野宮定功（ののみやさだいさ）らは、幕府の承知しているはずの明春の先帝の年回について、さっさと上洛の手配りを相談した。十一日が近付くと、将軍、天璋院、本寿院（ほんじゅいん）（将軍家定の生母）、一橋家（ひとつばしけ）などへの土産物を渡し、道具類の運搬や取片付けなど「ことのほか〳〵御混雑にて　御もや〳〵なり」と慌（あわただ）しいなかで、十一日を迎えた。

十二月十一日、その日は年替による和宮の誕生日でもある。和宮は五衣（いつつぎぬ）（近世では晴れの女房装束）に装い、嗣子に乗り添われて糸毛車（いとげぐるま）に乗った。牛車の簾（すだれ）の側には橋本実麗が乗る。紫糸毛車（むらさきいとげぐるま）の能（の）登（と）、お季（すえ）、八葉車（はちようぐるま）のお信（のぶ）、お琴、堂上方、地下官人を供に、和宮は本丸に着き大表（おおおもて）から大奥へと入った。御殿で和宮は上座の座へ上り、上臈万里小路（じょうろうまでのこうじ）はじめ大奥の人々と対面し、実成院（じつじょういん）（将軍家茂の生母）にも会った。そして、少し休憩して対面所の上段に上り、和宮から進められた小直衣（このうし）（公卿の日常服）を着ている将軍家茂と初めて対面した。嗣子はこのように入城の日までをこと細かく書いている。そして家茂が見た和宮は、中肉中背、色白で、眼は鈴形で大きく、口は小さく鼻は高くてすじが通っていて、手足は華奢（きゃしゃ）であったという（『皇女和宮――幕末の朝廷と幕府』展覧会図録）。

袿（うちき）姿（表衣（うえのきぬ）の内に着る衣だけを着た略装）の天璋院とも対面して、和宮は祝宴の席にはいる。夜になると将軍とともに天璋院もやってきて華やかな席になるが、嗣子は「御風違の御事とも（共）にて　大御もや〳〵御混雑の事　御心外恐入候事共也」（『心おほえ』）と記すのである。ところが家茂は、岩倉から強く迫られていた誓書を書き上げなければならなかった。天皇に将軍が自筆の誓書を上げることは、未だ曾て(かつ)ないことである。幕閣が原案を作るとはいえ、和宮を目の前にして、十六歳の家茂の心境は如何(いかん)。なりたくて就いた将軍の地位ではないが、若輩の将軍の覚悟は決った。家茂は書いた。

先年来　度々不二容易一讒説　達二叡聞一　今度　御譲位等　重内勅之趣　老中ヨリ　具　承
令二驚愕一候　家茂ヲ始　諸臣ニ至迄　決而右様之心底　無レ之条　可レ被レ安二聖慮一候　委細ハ老中ヨ
リ　千種　岩倉へ可二申入一候　誠惶謹言

十二月十三日　　家茂

（『孝明天皇紀』）

たびたび、事実をまげた悪しざまな事柄が天皇に聞こえ、天皇の怒(いかり)に驚いている。家茂以下、諸臣は決してそのようなことはなく、聖慮の安(やす)からんことを望むものであると、心にあることを正直に書いたのである。

十二月十四日、千種、岩倉はこの誓書と老中久世・安藤の副書を持って江戸を立ち、二十四日に京都に帰った。岩倉は実母が逝去していたので喪に服し、二十五日に千種が老中との交渉を奏上して、誓書を呈上した。孝明天皇は「筆勢　孱（羸カ）弱　字形　肥瘦　不整ナルヲ以テ　妙齢ノ大樹（将軍）カ自書タルコトハ　一見シテ疑ナシ　ト笑ハセ給ヒ　喜色天顔ニ溢ル」（『岩倉公実記』）という喜びようだった。年があけて二月十一日、天皇は岩倉を召して、その働きをねぎらった。

江戸城中の「御風違い」は禁中に聞こえていた。嗣子が禁中の両局（典侍局・内侍局）へ、思いの程を文に認めていたのである。天璋院が無礼であると。天璋院は和宮に面会しても会釈も礼もせず、普通の親（姑）同様に接しようとした。天璋院は茵の上に座り、和宮には敷物もなかった。嗣子や能登の部屋は暗くて八畳二間のみである。奥向きとの折合いが悪く、和宮が涙したこともあった。等々。孝明天皇はこの不敬の次第に殊のほか「逆鱗」して、江戸から老中・若年寄を呼び寄せよとの意向まで示した。九条関白や千種、岩倉らは心配して、三浦七兵衛と折衝し、天璋院の無礼は何かの間違いだろうから糺すことにする、御風違いは老中衆の知らぬ事なので早川庄二郎を呼び寄せることにするなどで話がついた。天皇も和宮の境遇や家茂との折合いを心配していたのである。

身分を競うご婚礼

文久二年（一八六二）正月、御所より文が届いた。そこには、例のない皇女の関東下向であるから、京御風でなくてはならないが、天皇は「京御風を後〳〵の御台様へ残され候思しめし様は　決して〳〵あらせられす　又　大樹公（将軍）其ほかの人々にも　京風をさせられ候思しめしはもちろんあらせられぬ　御事たゝ〳〵和宮様御一分　めしつれられ候上臈以下は元より、関東にて召かゝへに相成候人とても　京風を初より仰立られ候のゆへ　其御趣意　御間違無やう仰立られ候様にと思しめし候」（『静寛院宮御消息』）と、京風は和宮の一分であり、宮の面目が立つための事であるから、その趣意を間違えぬようにとの意向を示していた。また、天皇は京風が重任を負う将軍を柔弱にしてはならないと考え、すでにその意向を老中久世と安藤に伝えており、京と江戸の女官の確執が「御一和」を阻みかねない女の争いでもあることも知っていた。嗣子はこの文を上臈錦小路と御年寄仲村にも見せ、御年寄瀧山から将軍へも知らせ、瀧山は「とふそ〜御所にても御安心様あらせられ候様　また　和宮様にも御安心遊はし候にも」（同前）と伝えてきた。これで大奥は穏やかになるかにも見えた。でもそうはいかなかった。

二月十一日、本日御婚礼。親子内親王と将軍家茂の婚礼だったが、今日より和宮は「御台様」と称されることになった。この日は譜代大名は雁之間、奏者番は菊之間縁頬に詰め、無紋の狩衣著用以上の役人が出仕、席々へ老中が謁し、お吸物とお酒が下された。婚礼が済むと将軍は大奥へ入り、御台様と天璋院に御祝の御盃事があった。十三日からは御祝儀のために三家、諸大名、諸役人などが続々と登城し、橋本実麗も城に入った。そして、実麗は能見物をし、三家や二十万石以上の大名から献上物を頂き、二月二十一日に江戸を後にする。京に帰り、三月四日に参内した実麗は、和宮からの伝言と諸事行違いの事を悉く言上したのである。

とはいえ、家茂と和宮は仲むつまじく、嗣子の日記には四月九日、和宮は家茂の乗馬を高台から見ており、「くわん御のせつ　御みやニ石竹進しられ候　今はん御とまりニて　御迎ひ進しられ　御錠口ニて御寝なる」（『心おほえ』）とあって、翌日家茂は表向きへ帰ったが「俄の思しめし立にて」土産に金魚を持ってきた。という、十七歳同士の夫婦であった。ちなみに大奥での将軍の寝所は、御錠口を入ってすぐの御小座敷の御座所である。

五月四日、「京都　何か穏ならぬ風聞　致二御案事一申上候」と嗣子が書いている。老中久世が上洛して、孝明天皇を彦根に幽閉しようとしているとの情報のことなのだろうか、不穏な情勢が心にかかる。翌五日、端午の節句には京方は白地の着物で髢（そえ髪）をつけ、江戸方は単の着物で御対面所へ参る。和宮はこの頃から足の工合が悪く、袴をつけず、広蓋にのせて側に置いていた。その後も医師は薬をつけマッサージをするがよくならず、宮は詠草を師の有栖川宮幟仁親王へ送ったり、家茂に所望されて京都で詠じていた歌を染筆したりしていた。六月一日のご対面には、家茂と天璋院が和宮の方へ赴いた程であった。この日、近年のうちに将軍が上洛することが知らされ、氷室の氷も送られてきた。

勅使大原の下向

京都では、政治状況が大きく動いている。諸国の浪士や脱藩士が集ってきて、過激な尊皇攘夷が叫ばれる事態になり、朝廷は幕府に計ることなく島津久光（藩主茂久の父）に、京都の警備を依頼するようなことになっていた。久光は幕政の改革を構想していて、朝廷主導によってそれを実現させたいと考え、朝廷もそれを論議にのぼせ、朝命を伝えるために老中久世広周を上京させようとしたが、幕府は動かなかった。そこで朝廷は朝議をまとめた三カ条を幕府へ要求するため、勅使の派遣ということになった。この「三事策」とは、将軍が大名を率いて上洛し、国是を議すること。沿海の五大藩の藩主を五大老として国政に参加させ、国防の事にあたらせること。一橋慶喜を将軍後見職に、松平慶永（春嶽）を大老に就任させて、幕政の補佐にあたらせることの三

大原重徳

事である。そして、その勅使には剛直の聞えの高い大原重徳が任ぜられ、島津久光が同行することになった。これは幕府が面子を失いかねない、異例中の異例のことであった。

勅使大原重徳は、五月二十二日に京都を出立し、六月七日に江戸に着いた。その前日の夜、家茂は染筆の詠歌のご褒美にと、鼈甲の簪一箱を和宮に進めていた。七日、重徳は和宮にあてた勅書を嗣子に渡したいと思ったが、城内には男女の面会場所がない。勘考もつきかねて、やっと九日に重徳が宿所とする伝奏屋敷で渡すことに決った。その九日、和宮は昨日から眼がはれて、当日ははれが強くなっていた。午後、嗣子は伝奏屋敷で恭しく勅書一箱を受け取った。この勅書は、将軍には実物を見せず、和宮が写した書を見せることになっていたが、眼をはらした宮は筆を取りかねる状態だった。それで、将軍には一両日の内に見せることになった。勅使大原の土産は、和宮へは人形など、嗣子へは氷砂糖一箱が、表より廻ってきた。

十日、勅使大原が登城して勅旨を伝える日、和宮は勅書を内々拝見したい意向を示し、鳥渡見ることができた。勅書の趣意はこうだった。「此度　異国の事に付　勅使さし下され　三ヵ条仰立られ候故　すへて思食様とも御行違あらせられぬやう　大樹様へ　宮様より御直々仰進しられ候様との

一橋（徳川）慶喜（茨城県立歴史館蔵）

御沙汰にてあらせられ候」（同前）と。そして、ここでも天皇の思召との行違いがないよう、和宮から直々に将軍に伝えることになり、「三事策」は十三日に写しができて将軍に渡された。和宮の立場は極めて重いものであった。

和宮へは九条尚忠が関白を辞し、近衛忠熙に関白宣下のあったことも知らされていて、七月一日には大原重徳が、幕府が三カ条を請入れたので、「御安心の由」と文で伝えてきた。大原が老中脇坂安宅と板倉勝静と会談して承知させたのである。六日には、以前大老井伊直弼を面責したために受けていた隠居・慎の処分が解かれていた一橋慶喜は、一橋家を再相続し、将軍後見職についたことが知らされ、続いて松平春嶽も政事総裁職についたので、大原は和宮に、言いたいことがあればこの二人に面会するようにと、心くばりを見せていた。

この頃の和宮の心配は、仁孝天皇十七回忌法会に向けての上洛は中止になり、翌年十月の新朔平門院（仁孝天皇の女御）十七回忌への上洛が取沙汰されるが、それもおぼつかないこと。「蛮夷拒絶の事」が始まれば、和宮の在所が不安なこと。「京御風」にまだ不審や行違いがあることであった。ところがその心配の一つはすぐに起った。幕府との折衝が終って島津久光の一行が江戸をたち、八月二十一日、生麦村（現・横浜市鶴見区）で騎馬のイギリス人四名が、行列に無礼を働いたとして藩士が殺傷してしまった。これが後の薩英戦争のもとになる大事件で、二十二日大原は江戸を発足したが、品川で二日間足止めになって、京都へ帰って行った。

大奥では、閏八月二十七日になって庭田嗣子が出勤できる状態になった。快気祝は御錠口新御殿、和宮、実成院、表使、右筆、錦小路、仲村などへもれなく鉢盛を進め、ほかに和宮へは人形、縫取たばこ入、小文庫、焼物盃なども進上し、錦小路へは短冊掛、人形を進めた。朝廷の典侍として和宮を輔翼する嗣子の、大奥の江戸方の人々への心遣いには、ひとかたならぬものがあった。

2　御台様は和宮親子内親王

勅使三条の下向

閏八月七日、島津久光一行が京都に到着した。生麦村で攘夷を決行したという一行を出迎えようと、大勢の民衆が沿道に集ってくる。その頃、京都では天皇は「国中一和」をはかって、通商条約を引き戻し攘夷に向うことを望んでいる。この「破約攘夷」を実現しなければならないと、「尊王攘夷論」を叫ぶ志士たちの声が大きくなり、天皇の「攘夷親征」に期待する勢力が強くなっていた。これは破約攘夷を実行に移さない幕府への批判を強めることになり、和宮の縁組に積極的に動いた者たちへの反発になった。八月十六日には十三名の公卿が、久我建通、岩倉具視、千種有文、富小路敬直、今城重子、堀河紀子の六人、いわゆる「四奸両嬪」を弾劾する文を関白近衛忠熙に提出する事態になっていた。そして、男性四人は蟄居・辞官・落飾を命じられ、九条尚忠も重慎み、落飾となった。

孝明天皇の側近くに勤め、岩倉や千種のために働いたとされる「両嬪」も辞官・隠居・落飾を命じられた。今城重子は今城定章の女で、内侍局に上って少将内侍にまで進み、岩倉の政治論策『神州万歳堅策』を天皇に内奏していた。堀河紀子は堀河康親の女で衛門内侍にまで上った、寿万宮、理宮の二皇女の生母である。堀河康親の二男で岩倉家を継いだのが岩倉具視で、紀子の兄にあたり、両家共に下級の公家であったが具視の活躍に紀子が手をかしたと考えられていた。

攘夷論が高揚すると、「天誅」と称してテロが横行するようになった。九条家家士島田左近は暗殺され、四条河原に梟首された。安政の大獄の際志士の逮捕にあたった目明し文吉は殺され、屍が三条河原に曝された。これらが皮切りとなって、文久三年（一八六三）半ばまでテロが続くことになるのである。

さて、和宮は七月初旬から吐き気をもよおし、七夕の日には吹出物ができ、女官のなかでもお治、お信、おいくと次々に麻疹（はしか）にかかり、嗣子は脚気と診断されてしまった。「攘夷親征」に沸く京都では、関東での和宮の地位を高めたい気持ちから、和宮を朝廷では和宮、幕府では御台様と称するのでは紛らわしいから、一円、和宮と称するよう孝明天皇の叡慮があると、九月二日に所司代へ申入れていた。しかし、幕府は従わなかった。

十月になると和宮は咳が強くなり、「京都何かそうとう（騒動）御座候よし　しきりに風聞致候事」と情報

猪子餅　山下真奈画

が入って心配ごとが多くなった。だが十月八日の「玄猪の日」（新穀でついた餅を食べて、その年の収穫を祝う）、家茂と和宮は仲良く「御手かちん」と申す猪子餅を食べていた。猪子餅は、「亥の子餅」とも書いて、多産である猪にあやかって、子宝に恵まれることを願って食べる餅でもあった。江戸時代には十月の亥の日に、広く民間でも子孫繁栄を願って食べている。家茂と和宮は、生れてくる吾子を夢見て食べていたかもしれない。

　十月も半ばを過ぎると和宮は、寒けや頭痛に悩まされ、また、吹出物が出てきた。京都の加茂上・下社と清荒神に御祈禱を頼むことになり、すぐに申入れたのに、家茂も観行院も寒けがして吹出物が出て、二十五日、将軍も御台様も「御麻疹」、「御機嫌伺いの令」が出た。なお、天璋院も麻疹にかかったが、彼女は軽くてすんだ。

　京都では十月十二日に、幕府に「破約攘夷」を督促する勅使三条実美、副使姉小路公知が江戸に向い、その前日には勅使護衛の土佐藩主山内豊範が藩士を従えて先発していた。勅使参向の情報は刻々と入ってくる。幕府では麻疹の将軍への御機嫌伺い出仕の日割や、勅使の旅館を伝奏屋敷から清水屋敷への変更にむけての修復など大童である。大奥では和宮の「さゝ（笹）湯（麻疹を治すため、また治った後に浴びる酒を入れた湯）の式」を、京風か江戸風かで評議したが、京風を知る者がいないので、また臨時の事だからといって江戸風に決まる。和宮は症状の重い麻疹だというのに大人しくしていたと褒められ、「御いとほの品」（いたわりの品）をもらっていた。そんな十月二十八日、勅使が江戸に着いていると情報が入ったが、和宮の具合は良くなく、観行院は麻疹でなく風疹だったが、上臈藤子も麻疹にかかってしまっていた。

三条実美

十一月、先に決められていた七日の笹湯の式の日がきた。長文になるが呪いまがいの江戸風「笹湯の式」をみてみよう。和宮が毛氈を敷き、その上に荒菰が二枚敷いてある二の間に入る。傍に蓋付きの盥一対が並んでいる。女官たちが、白の三宝に藁の笠一つ、笹の葉一包、滋養強壮薬のネズミモチの実を入れた土器三つを、二対の手桶に入れて持って入る。お湯の加減ができると、少進が宮の頭に藁の笠をのせ、ねずみのふん（ネズミモチの実）を三つのせ、笹の葉でお湯を三杯かけて式が終る。和宮は手の先をふいて着物をきがえ、上段の間に上り、将軍付の上﨟花園が着座した。そして、あとはお祝い事となる。この日、家茂も「御酒湯」をしていた。なおその日、朝廷からは伊勢両宮や春日社へ御祈禱を申付けている。麻疹はそれはそれは大業な病気であった。

和宮様と臣家茂

勅使三条は麻疹の将軍にすぐには対面できず、十四日に嗣子と面会して和宮への勅書を渡した。それは、将軍に見せるものではなかった。そうして、十一月二十三日表方から書取りで、「自今　御台様をとゝめられ　和宮様と称せられ候」と披露された。これは孝明天皇の勅旨ということなので、幕府への圧力は急速に強まることになった。これで和宮は御台様ではなく、東西一円に和宮親子内親王としての地位を確立したのである。そして、幕府ではすでに天皇の叡慮をうけて、井伊政権によって処罰された故徳川斉昭、同慶勝、山内豊信を復権させており、勅使参向を機に京都より大赦の令があったとして、国事の為に非命を遂げた者の調査を始めるのであった。

十一月二十七日、激烈な攘夷論者で知られる勅使三条と副使姉小路は、麻疹の癒えた将軍家茂と対顔し勅書を渡した。勅使は十月二十八日に着いていたのに、登城まで一カ月もかかっている。それは将軍の麻疹もさることながら、勅旨にどう対応するか、幕府では意見をまとめるのに苦慮していたからだといわれている。十二月四日、勅使は再び登城し、五日に返答書を受取った。その内容は、勅旨を謹んで承り、攘夷の儀は委任くだされたので衆議をつくし、上京の上で委細を申上げる、というもので、「十二月五日　臣家茂（花押）」と署名があった。将軍家茂は孝明天皇の家臣であると言明したのである。この日の八ツ過（午後二時過頃）、家茂は和宮に会ってしばし語り合い、還御した。破約攘夷の督促をすませた勅使三条は明秋の和宮上洛の根廻しをして、七日に江戸を発って行った。

和宮は朝廷としっかり繋がっていて、麻疹の御祈禱も江戸から京都の社寺に仰付られ、朝廷からも上下御霊社、北野天満宮、因幡薬師（平等寺）などに祈禱が命じられて、お札が江戸の和宮のもとへ届けられていた。

また、以前から孝明天皇の沙汰がありながら、和宮の姉敏宮の住居が転々として輪王寺河原御殿に住まっていることを気遣い、和宮は自分の下向に際して、直筆を以て敏宮の住所の安定を願い出ていた。「私事はよき（余儀）なき（無き）わけ（訳柄）からながらも　下向致候へは　不自由もなくと存まいらせ候に付　御あね様　御一生御安心あらせられ候やう致上度　関東へ仰立られ　私下向迄に出来と申事承候へは安心にて下向致し候」（『孝明天皇紀』）と述べ、これが実現すれば、亡父仁孝天皇に満足してもらえるだろうと思っていた。これには渋っていた幕府も条件を付けながら了承して、屋敷の新造に着手したのである。

そして、十二月二十三日ということで、敏宮の桂御所の相続が決定し、敏宮は和宮の心遣いを深く斟酌し感謝した。「雙方様の御安心様に成せられ、御身御治り遊はし候」（『心おほえ』）と嗣子は書いている。敏宮についてはこれまで通りの生涯の化粧料三百石、相続についての道具料五百石で治定した。和宮はすっかり安堵したのであった。この頃の和宮の眼差しは京都に向き、日々の生活もいざといえば京都に縋っていたようである。

十二月十一日、和宮の年替による誕生日である。この日は入城の日で、対面所の陰の座にお祝膳が上っていた。熨斗（熨斗鮑）、かちん（餅）、すわり（坐餅）、せんさい（善哉）、祝膳には吸物、銚子がついていた。十五日は節分、宝舟が上ってきた。来年は十九歳の厄年なので、本寿院（家定の生母）から御祈禱のお札が進められた。年越しのお祝に家茂と実成院（家茂の生母）がやってきたが、天璋院は軽かったとはいえ麻疹で床についていた。対面所で行われたまめはやし（豆撒）の豆を拾って、和宮は頭に三粒のせて撫でてもらった。こうして、宮の激動の文久二年は暮れようとしていたが。

歳末、十二月二十九日、京の女官と江戸の女官は異なった衣装を身につけていた。京方は式日の通りに着物を着がえ、江戸方は日ごろの着物を着ていて夕方から模様のある着物に着がえた。この日、京都から文が届いた。明年秋の宮の上洛は、輿をはじめ道具類は「京御風」の物を用いたいと願っていた返答書である。上洛は将軍も一橋慶喜も松平春嶽も理解を示していたが、話を進めるためにとはいえ老中一人と春嶽という武辺の者が、宮中の女官である嗣子と面会するのは、御所方には例がなく難しい。春嶽が上京して御所に言上するのも難しいという。嗣子も余り軽々しく面会したのでは、朝廷の御威光にかかわると思っていた。和宮の上洛も「京御風」も、かくして年を越していったのである。

文久三年の京都

明ければ文久三年（一八六三）、京都は和宮の秋の上洛を云々する情勢ではなかった。国学者平田篤胤の学統をつぐ平田銕胤（篤胤の養子）を擁した平田門一統は、復古思想、尊攘思想をかかげて行動をおこし、京都へ集ってきていた。この時期、平田国学に魅せられて、尊王攘夷を信念に国事周旋に奔走する信濃国伊奈出身の松尾多勢子のような、並はずれた度胸をもった老媼も出現して、京都では女性も活躍する時代になっていた。

この京都で、将軍家茂の上洛を前にして尊攘激派による暗殺事件が続いている。「四奸両嬪」弾劾の流れのなかで、千種有文の雑掌賀川肇が斬殺された。二月一日には賀川の両腕がそれぞれ脅迫文を添えて、岩倉具視の草庵と千種家に送りつけられ、首は一橋慶喜の旅館東本願寺へ半長持に入れて送られてきた。二月十三日に将軍が上洛の途についたとわかると、上方ではさまざまな噂が流れ、京都町人は政情に不安を募らせるのであった。

そんな二月二十二日夜、等持院（現・京都市北区）に祀る足利将軍尊氏、義詮、義満三代の木像の首が斬られ、「鎌倉以来の逆臣」として縄手通の車道に晒された。東海道の京都ターミナルにほど近い所で、通行人たちは大いに驚いたが、江戸幕府はもっと衝撃をうけた。これは平田門下の仕業で、家茂の上洛にタイミングを合せ幕府を挑発したのである。家茂よ来るならこい、目にもの見せてやろう、といったところであろう。もし、和宮がこれを知ったら、どんな気持ちになったことであろうか。

当時、京都の治安は所司代・町奉行の組織だけでは守りきれなくなっていたので、新しく京都守護職がおかれて、会津藩主松平容保がその任についていた。容保は京都の人心を思量、強硬手段をあまりとっていなかったが、これを機に態度を一変させて厳しい治安対策にふみきった。

それより前、『大久保利通と明治維新』（佐々木克）によれば、幕府は「公武合体」の実を示すために、文久三年（一八六三）春に将軍が上洛する方針を発表していたが、攘夷を実行するための上洛となれば、尊攘急進派の意気まく京都で、将軍はせっぱつまった回答を迫られることになる。急進派の動きに歯止めをかけたい孝明天皇は島津久光に期待し、久光は大久保利通を派遣して、関白近衛忠熙と意を通じた。

そこで、この際は将軍上洛を見合わせ、かわりに名代として一橋慶喜か松平慶永を上京させてもよいという、勅命が出るように働きかけた。しかし話が捗(はかど)らず、利通(としみち)が朝廷側と幕府側に工作し、将軍上洛の見合わせが内定した。ところが、幕府から際限なき見合わせに異議が出て、また、利通も尊攘激派の刺激をさけ、「国是(こくぜ)一定の朝議を促(うなが)」す時間をかせごうとして、将軍上洛阻止策を放棄したという経緯(いきさつ)があった。そして、京都の政治状況や、生麦(なまむぎ)事件の賠償を求めるイギリス艦隊の横浜集結の情報など、いろいろな事情があって、将軍上洛の出発は二転三転することになったのである。朝廷、幕府ともに外国の動きを見すえながら、難しい局面をむかえていた。

3　将軍の上洛と和宮

将軍家茂の上洛

文久三年（一八六三）正月二十三日、和宮の意をうけて嗣子は文(ふみ)を認(したた)めた。昨年来、諸国の大名が追々上京して「誠に穏(おだやか)ならぬ」時節になり、二度も勅使を下(くだ)され、叡慮を悩まされ恐れ入ります。「公武とも万民迄も　一同御威光にしたかひ奉り　天下泰平相成候様」祈っています。「右に付ては　忠臣にも又いろ〳〵御座候御事と　存上候まゝ　何事も御かろはすみのあらせられぬ様　とくと〳〵御念を入られ　御かんこう（勘考）のうへにも御勘考あらせられ候て　御政事あらせられ候やう」願っています。「大樹公（将軍）にもふかき御心配の御様子、御若年(じゃくねん)には候へとも　すい分〳〵よく〳〵御気も付　何かと御心配の御事　御きのとく（気の毒）」に存じています。「異国の事も　取とめたる事は　頓(とん)と承り不レ申候へ共　よほと（余程）〳〵をひたゝしく（夥しく）参り居候様の風説も　御座候　とふそ（どうぞ）〳〵　無法の事を致さねはよろしくと　朝暮　心配〳〵」致しております（『静寛院宮御消息』）。これが、天皇を兄に将軍を夫にもち、国を憂える和宮の心境であった。

今年は昨年来、準備が始まっている将軍上洛の年である。寛永十一年（一六三四）三代将軍徳川家光の二度目の上洛以後、将軍の上洛はなく二百三十年ぶりの上洛となる。その出立の日の変更、海路か陸路か道筋の変更もあって、家茂が風邪をひいて弱っているので、東海道を通って駿府(すんぷ)の城で逗留する行程が決り、やっと十三日の出立と治定した。和宮は流行の風邪で熱が高く胸がむかつき、「うつ〳〵也」の様子であったが、道中が海路と聞いたときは、「御あやうき御事にてはあらせられすや」と、家茂の身を案じて「道がえ」を申入れる気丈(きじょう)さを見せていた。

明日は出立という十二日、将軍留守中の非常の節には避難する屋敷もきまり、家茂は和宮への配慮を手厚く申渡した。五ツ半少し前（午前四時頃）家茂は小さい這い這(は)い人形（絹の縫いぐるみで幼児をかたどった人形で「這子(ほうこ)」といい、凶事を払ってくれる人形とされていた）、遠目がね、磁石、硯石、水入れを持って和宮と会い、ゆっくりしてから暮前(くれまえ)に還御した。這い這い人形を渡すことは、家茂自身が思い付いたのであろうか。いずれにしても、家茂も和宮の身を案じていた。そして、宮へ銀の花籠の置物、

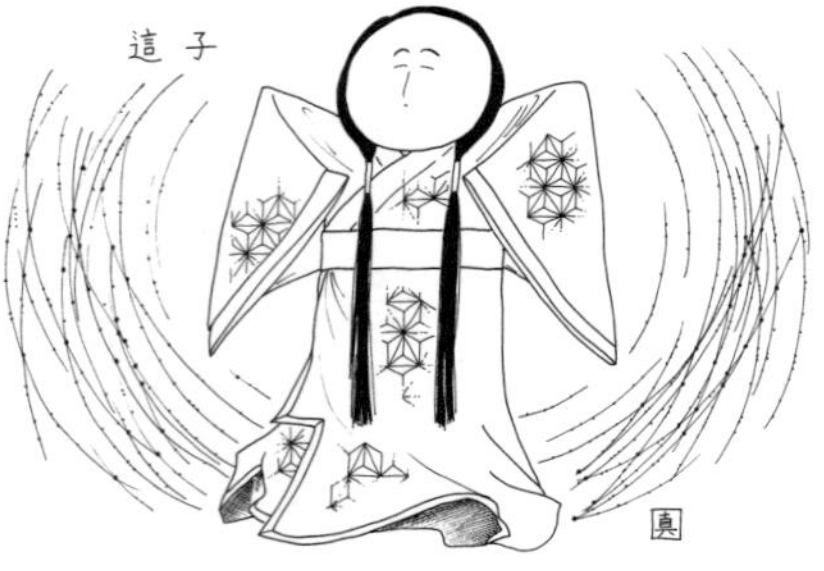

這い這い人形　山下真奈画

黒塗り蒔絵の卓も贈っておいた。
このように二人は睦まじくしているのに、大奥の女官たちは和宮に冷たかった。「御殿女中の研究」（三田村鳶魚『御殿女中』）によると、女官は和宮は江戸には永くお出でなさらない思召だとか、上様の方から御機嫌をお取りになった御様子でしたとか語っている。初めての御上洛の時、宮様は御風気であったので、上様がお暇乞においでになったのに、宮様はツンとしておいでになったといいます。その翌日のお立ちにも、お見送りもなさらなかったので腹を立てた者もありました。などと言うのである。年若い宮の気苦労が偲ばれる。

十三日、家茂は五ツ半少し前（午前九時頃）ゆるゆると出立した。家茂に会うことはなくても、和宮はお召しかえをしていたが、天璋院は昨夜からの高熱で伏っていて、祇園社の守護札をもらうほどだった。十八日になって、和宮は家茂の安全を願ってお百度を踏みたいと希望した。すでに御祈禱は伊勢内宮・外宮の両宮、山王両社（日吉大社と日枝神社）をはじめ七カ所、さらに、紀州の土産神で八代将軍吉宗が崇敬していた赤坂の氷川神社で行われていた。

そして、和宮は芝増上寺安国殿の本尊、黒本尊（阿弥陀如来）の御札を勧請し、二十四日から七カ日間、御百度を踏むことになった。黒本尊のお札を部屋の上段に置き、四方の椽座敷をぐるぐる廻るのである。このお百度詣に従う者は生理があっても、喪に服していても差し支えなかった。和宮は、徳川家康が守本尊として尊崇した阿弥陀如来の霊像である黒本尊の御礼に、家茂の加護を深く深く祈念するのであった。

将軍の留守中、二月十八日に生麦事件に抗議して、イギリス軍艦が横浜へ入港した。「薩摩の国へせめよせ候か　夫かならすは和泉（島津久光）の首をわたすか　夫もかならすは　金銭をくれ」（『心おほえ』）と、イギリスは難題をもちかける。それは堪忍なりがたいと慶喜。春嶽が「三月九日に戦争と相成候由」と橋本実梁を通して伝えてきた。和宮の守護は尾張・水戸両侯に命じられ、ことによっては駿府か甲府の城への立退きも考えられていた。観行院と嗣子は、「神国の御威光にて戦争も程よく相済」（同前）むよう願うが、「何分　軍の事」なので、和宮に怪我のないよう「京都のかたへ御立退あそはし候へはま事に〳〵御安心」（同前）と思った。しかしこの時節、和宮自身も帰京は願いかねていた。表方から尋ねられると御年寄瀧山は、和宮、天璋院、本寿院、溶姫（徳川家斉の娘）、実成院は駿府か甲府へ避難するつもりだと返答していた。この日、将軍は大津宿の石原清一郎陣屋に宿泊、明日は二条城

増上寺安国殿（東京都港区芝公園）

二条城（京都市中京区）

に着く。

かつて、三代将軍家光は三十万余の大軍を率いて入京した。十四代将軍は三千人の供揃え（ともぞろ）えで二条城に入った。それでも寛永の古例にのっとって、上洛の御祝儀として銀五千貫、金目にして六万三千両を洛中に住む町人の家持ち借家人をとわずに振まった。ちなみに、家光も住民に対しては同額だった。三月五日、一橋慶喜が孝明天皇の「将軍に国事を委任する」という信任を確かめて、その上で三月七日家茂が参内した。参内の様子は瀧山を通じて和宮に伝えられた。家茂は天盃（てんぱい）をいただき、「御あつき御さたも御伺　御料理　御茶　御くわし（菓子）なとも御戴　御間柄（おんあいだがら）の辺にて　お手あつく　御あしらいの御事　深く〳〵御かしこまりとの御事」（同前）だったという。

攘夷祈願

この時、銀一貫五百匁の前払いを受けて「虎屋」（菓子屋）が御用を承り、将軍に出されたお菓子が、羊羹（ようかん）「長月」、羊羹「遅桜」、牡丹形の「名取草」、饅頭「新千代の蔭」、きんとん「紫野」だった。家茂は扇面形三重の箱に入れた羊羹「夜の梅」、羊羹「新八重錦」、棹（さお）菓子「宮城野（みやぎの）」、菊形の「延年（えんねん）」、きんとん「春気色（はるげしき）」、饅頭「御紋饅（ごもんまん）」を献上した（『殿様と和菓子展』虎屋）。

江戸時代の社交の場では、菓子は和やかな雰囲気をかもしだすはずであったが、天皇と将軍の対面では、慶喜の同席は許されず、天皇は国事を将軍に委任するといえど、事柄によっては朝廷が直接諸藩を指揮する旨を明らかにした。幕府側にとっては、手痛いことであった。

朝廷では、攘夷派の力によってすでに二月に攘夷祈願の加茂社行幸の日程が決定していて、三月十一日、天皇のもとで宮廷内の重職をになう諸卿、将軍家茂以下在京の諸大名が供奉する、盛大な加茂行幸が行われた。大奥にはその知らせが十九日にあったが、大奥では将軍帰府のほうが気がかりであった。生麦事件によるイギリスの要求と返答の遅れから、将軍の帰府は次々と延期になった。しかしイギリスが返答の遅れを承知しているのだから、「御安心とも申上かたく候へ共　先々　御安心あそはし候様」と、瀧山が表方からの知らせを取次いでいた。ところが、将軍の出立が三月二十三日との情報が入り、和宮は二十八日から、またまた黒本尊にお百度詣を始めた。しかし、それもまた延期になっていた。

両局（典侍局・内侍局）からの知らせによると、家茂はしばしば参内し、親王（後の明治天皇）や公卿とも対面し、長橋局（内侍局のお頭）はその様子を、「誠に〳〵御しつかりと　御身体も御よろしく　御装束もよく〳〵御打つきあそはし　将軍様の御仁体御そなわりあそはし　鳥たすき（尾長鳥を唐花のまわりに配し　輪違にした文様）の御浮紋の御さしぬき（ゆるやかで長大な袴）にて、大臣様かたと御列座にても　御不都合には少しもあらせられす」（『静寛院宮御消息』）と誉めている。よく風邪をひく菓子好みの将軍であったが、京都にあっては、家茂は堂々とした風格を示していたようである。

そして、再々度延期になっていた天皇の石清水八幡宮への行幸が、厳しい取締りのなか、四月十一日に行われた。攘夷親征の総仕上げの行幸だったが、将軍は風邪で高熱のため急に随行を取止めた。尾張の徳川慶勝は所労のために供奉せず、将軍名代の一橋慶喜はふもとの八幡まで行ったが、所労を理由に参宮しなかった。幕府としては道中の不穏な動きに、将軍の身辺警固に苦慮したためであろうが。孝明天皇から「攘夷の節刀の儀」を受けることを避けたのだといわれている。しかし、幕府は攘夷期日を五月十日にするとの奉答文を出さざるをえなかった。

江戸大奥では、天皇の石清水行幸のことは知らせが届いたが、嗣子は家茂の行動をなにも記していない。攘夷については、打払いがあったとしても神奈川のことなので、立退きをしないよう表方から連絡があった。和宮は五月の十七日間のお百度詣を始めたが、六月三日、風が激しく、遠方の火事で西の丸が類焼し、宮は吹上御苑瀧見の茶屋から諏訪の茶屋へ避難する災難にあった。そのため、火事もなく天下泰平、寿命長久を願って、火之迦具土之大神を祀る駿府の秋葉社への祈禱を申出された。京都や江戸の愛宕社ではなく、駿府の秋葉社であった。

六月十六日、将軍家茂は二条城をあとにして伏見から大坂へ向い、船で江戸へ帰府した。和宮は、早速御礼の黒本尊お百度詣をした。十八日、江戸城では還御のお祝いがあって、家茂の和宮への土産は駿府細工（寄木細工）舟形弁当箱、尾張の有松絞り（木綿の絞り染め）一反だった。その晩、宮の久々の夜は白い単の下着に小袖は白い袷、掻取（武家では打掛）姿であった。

「虫の様なる女子」の願い

将軍は無事江戸へ帰ったが、時節は天下の一大事と、「虫の様なる女子さへもいろ〳〵と存上　御案事〳〵申上」（『心おほえ』）ていると嗣子は言う。「何卒神力を添へられ　御程よく打払にて　天下泰平四海　穏　叡慮を被レ安　臣下御一同にも御安心にて　猶〳〵御忠臣　万民迄も御威光をたふとみ奉り　幾久しくまん〳〵年迄も御寿命御長久様にて　日本御はんしやう遊しめ度御事のみ」（『静寛院宮御消息』）と。嗣子は政情を理解していたが、いや、理解していたからこそか、宮中から和宮に仕えることを命じられた女官の立場を主張する。その一つが和宮の願いである先帝陵参詣のための上洛である。春から翌年の秋へと延々になっているが、嗣子は折をみては申入れ、どうしても難しくなると宮が無理でも私（嗣子）が上京したいとまで願った。しかし、両頭から秋の上洛は見合せてほしい、今は天下泰平を祈るばかりだといわれて、断念しなければならなくなった。

しかしそれならばと、和宮の生母観行院への御孝養をと考えた嗣子は、和宮の意向を十分くんだ上で観行院に位階を賜わることを打診した。和宮が健やかに成長したのは観行院の養育によるもので、婚礼も無事に済んだから宮の孝養として観行院に位階を賜わりたいという。だが、両頭からは、観行院が先帝に仕えたのは十年にもみたず、宮を養育するのは母としては当然のことで、婚礼が済んだとはいえ年月がたってはいない、その上、薙髪した者への位階は「よほど〳〵御六ケ敷」く「何分姫宮様の御事故　今少し御はや過候と存られ候　以上」（同前）と贈位は撥付けられてしまった。

ここで思いおこすのが、和宮の祖父光格天皇のことである。余談にはなるが、光格天皇は閑院宮典仁(すけひと)親王の第六子として生まれ、親王の誕生がなかった御桃園天皇の儲君(もうけのきみ)となり、遺言によって即位した。天皇は朝廷の旧儀の復興に意をもちい、また、生父典仁親王への太上(だいじょう)天皇の尊号宣下を幕府に強く迫り、朝廷が勝手に尊号宣下を行うことを幕府に通告した。結果的には幕府に拒否されたのであるが、光格天皇の意志の強さは、孫の孝明天皇と和宮に継がれているようで、明治二十七年（一八九四）三月、故(こ)典仁親王に慶光(けいこう)天皇の称号が贈られた。同列の話ではないが、観行院にも贈位が実現しているので後述したい。

さて、宰相典侍(さいしょうのすけ)嗣子は常に女官としての経済的自立の道を考えていたようである。和宮降嫁に従った嗣子と能登、三仲間(みなかま)の梅と松江、そして観行院は御所からの知行や扶持(ふち)を返上して、江戸城からの宛米(あてまい)での生活になったが、嗣子は和宮に御所からも以前通りの拝領物があるように願っていた。それも江戸城から渡されるのでなく御所から里方へ渡してもらい、嗣子は知行所も貰いたいと希望した。その交渉は難航したが、将軍の上洛で御所へ十五万俵が上納されたので、長橋局からの便りで嗣子百三拾俵、能登百拾俵、梅と松江は二十俵宛(ずつ)の拝領が知らされた。長橋局は知行所の件を「御用済にて御帰京のうへは　めて度(たく)御知行所　御拝領の御事」（『心おほえ』）と書いていた。この拝領物がどの様に渡されるかは決まっていなかったが、大奥ではそれどころではない一大事がおこった。

天璋院が本丸の大奥から二の丸へ移りたいと言いだしたのである。天璋院はどこまでも、かねてから西の丸へ移りたかったのだが火事にあって焼けてしまい、二の丸へ移りたいという。しかし、これはどうも京都の野宮定功が、天璋院が本丸大奥で和宮を差置いて、御殿を占有しているという噂を聞き、定功の一存で天璋院の移徙を在京中の老中に求め、それが天璋院に移居が天皇の思召の様に伝わったかららしい。和宮は天璋院との義理合いを思って心を痛め、今しばらく同居して万事世話をしてほしいと、二度にわたって移居を止めようとした。天璋院からは厚き思召は有難いが、自分からの願いだから心配なさらぬ様にと伝えてくる。和宮は大奥の雰囲気を察し、考慮のあげく改めて天皇の思召を請うたので、天皇は両頭から天璋院へ本丸に留まるよう依頼させた。そこで天璋院は一時、二の丸へ移ることを見合せることになった。これは和宮が天璋院を本丸から追い出そうとしたとも伝えられる話であるが、和宮にはその様な気持ちは全くなかったのである。

実のところ、天皇は「唯々天下の事のみに御心配様にて、春以来より　関東の大奥向なとの御事は頓と〳〵御頓著様あらせられす候」（『静寛院宮御消息』）と、八月十八日の政変で多忙をきわめていた。のに和宮の苦衷を察し、天璋院へ申入れをさせたのであった。これがまた嗣子にとっては、「御所よりも御とめ遊はされ候と申も　あまり〳〵天璋院御かたには御過分成御事」（同前）ではないかと思い、私（嗣子）の不念不行届のために、御用繁多のなか、火急の願い事をしてしまったと恐入り、ノイローゼ状態になっていった。

4　政変の波と和宮

御所の混乱と嗣子の叫び

文久三年（一八六三）八月十八日の出来事が、大典侍・長橋局の両頭から伝えられた。八月十三日に俄に攘夷祈願の大和行幸、春日社、神武天皇陵の参拝がきまり、内侍所も同行することになったが、十八日の暁七ッ過（午前四時過頃）から俄に六門内が騒々しくなり、近衛前関白などがすぐに参内し、天皇はじめ公卿衆がどうなることかと心配していたが、ほどよく鎮まった。それからは「人気一和」して、天下泰平を祈っている。行幸は延期になり「騒動のひょうし（拍子）」に、三条中納言（実美）、三条西中納言（季知）、東久世少将（通禧）、壬生修理権大夫（基修）、澤主水正（宣嘉）、四条大夫（隆謌）、錦小路（頼徳）の七人が、「国事懸りにて忠臣と承り居候にみな〱何方へか失候て　た、今に　しかと行方相分り不レ申候由　扨て〱〱不忠〱物　にくき〱御人〱と存まいらせ候」（『静寛院宮御消息』）という。

八月十八日の政変は、尊攘急進派が挙兵討幕の機をつかもうとしていた機先を制して、会津・薩摩両藩兵で御所宮門を固め、孝明天皇、中川宮（朝彦親王）はじめ公武一和を望む公卿や諸侯が、尊攘派を朝廷内部から退けたクーデターであった。この知らせを得て嗣子は、老中上座に着いた酒井忠績が上京するほどのことでもなかったと知って安心した上で、「一度上京いたし　御ちか〱しく御機嫌も伺申入度」と願った。御所の御内儀が手薄になっているから、また、それぞれの実家のことも心配なので、自分も能登も三仲間（みなかま）も京都へ帰らせてほしいと頼み、さらに、薙髪した観行院の知行を頂きたいと申入れた。両頭からは「差懸り（さしかか）候御用の事も　おり〳〵は失念やら　まちかひやらにて　大〳〵御混雑にて　日により候へは　伝奏衆（てんそうしゅう）にもうろ〳〵と被レ成候日も　御座候様に承り」（同前）と、願い事はしばらく見合せるように、「御遠方御くろう（苦労）には候へ共　今しはしの処　其御地にて御せわ御申入に候へは　御上（おかみ）にも御安心御満そく（足）〳〵様（さま）の御事にあらせられ」（同前）るので、和宮をよろしく頼むと言ってきた。

常日頃でも、大奥では京風と江戸風の違いは変らず気遣いの的で、和宮の御用は江戸方が勤めるので京風にはならず、三仲間などはごくお側付きの事だけが仕事で日々何の御用もなく、少進や玉島も表（おもて）へは出られず、御用は江戸の上﨟年寄が勤めている。上﨟土御門藤子（つちみかどふじこ）ですらお側の用事と、京都への連絡の事だけであった。嗣子は不満と苛立ちが隠せないでいた。御所では、天璋院が和宮の世話をしたいと思っても、京方から風儀の違いを笑われるので世話がしにくく困っているとの情報が入っており、藤子が帰京した際に江戸の風儀を笑話（わらいばなし）にしていたので、江戸大奥の不和を心配されていた。京方の女官が公家風を誇り、武家風を軽視するきらいもあり、両頭は嗣子へ、大奥の融和と女官の監督を要請するので、ますます嗣子は気が重くなった。

そこへもっての政変である。御所も幕府も御用繁多で、大きな人事異動があって混乱している。上京も差し止められた。天璋院の二の丸移徙（わたまし）希望一件には嗣子の落度はなかったか、気にかかる。宰（さい）相典侍（しょうのすけ）嗣子は十月十日、両頭へ文を認（したた）めた。長くなるが記してみよう。「元来不調法（ぶちょうほう）者の上、

御行違事の辺　実々御六ヶ敷　今に折々いろ〳〵行当り候事出来致候得共　先々言上にも不レ及相すみ候事には候へ共　何分〳〵御風違の御事故　猶更〳〵大樹公　天璋院御かたへの御儀理合も　一入〳〵御六ヶ敷　何分御直宮様にて内親王様の御事故　とふぞ（どうぞ）〳〵御所の御威光は御立遊し候て　大樹公御はしめへの御礼節も御不都合あらせられぬやうにと存上候へは　よほと不行届の私には重荷にて　実〳〵〳〵心配〳〵〳〵申尽しかたく候まゝ　一日も早くめん（免）しられめし（召）返し戴候へは　此上の有難さは御座無」（同前）と。

和宮親子内親王が御所の威光も立て、将軍への礼節も尽せるように計らいたいが、生活習慣の異なる大奥では難しく、不行届の自分には荷が重いので罷免してほしいと叫んだのである。激動する政情のなかにあっての、朝廷へも幕府へも配慮の必要な女性中間管理職の悲痛な叫びであった。

再度の上洛と江戸城の火災

御所の孝明天皇は政変の翌日、攘夷親征の行幸は中止するが、攘夷の考えに変りのないことを示し、政変の成果については満足し安堵していた。過激な攘夷論には反対だが、破約攘夷（条約引き戻し）は実現させたい意向だった。一方、江戸大奥では天誅組の大和挙兵の噂が入ってきて、「禁中様をうばい（奪）とりかへり候積りに　相見え候よし　実々恐入々々々々々々候御事也」（『心おほえ』）と、女官達はふるえあがった。攘夷を唱える長州が天皇を勢州（伊勢国）か大和へ立退かせようと計画したが、それは取り鎮められたという。将軍も和宮も御所へ御機嫌伺いの便りを出すことにして、和宮は内侍所から加茂上下社へ御所の御祈禱を仰せ付け、里方からは和宮の祈禱を北野社へ申付けていた。

八月二十九日、将軍に対し上洛せよとの天皇の内意が出た。和宮は深く心配したが止めるわけにいかず、上洛となれば天璋院を手厚く守護するよう表方に伝えさせた。内親王の心遣いである。そして、将軍はまだ出立していないのに、九月四日、京都と江戸の平穏を願って、「清き人」をお供に春日様（三田（みた）春日社神社別当神宮寺。文京区）にお百度詣を始めた。和宮の思いは、嗣子が「此上は　何卒京都の思しめしも立まいらせせられ候様　御取計（おとりはからい）遊し　御首尾よく一日も御早く御帰府ニなられ（ママ）様　御願いあそハし候」（同前）と書いているように、朝廷と家茂の間がうまくいって、一日も早く家茂が帰ってきてほしかった。そして、「何分異国うちはらいの事ニ付　深々御心配様の御様子ニいつも御伺（おうかがい）遊し　恐入まいらせ候故　何卒　程よくうちはらひニ成　御安心様ニ成まいらせられ候様」（同前）と、攘夷を望んでいた。

将軍の上洛が治定して、十一月十日和宮は朝廷に、御用の済み次第すみやかなる帰府を願い、お百度詣を続け、氷川神社の御祈禱は忘れず、疫病よけの桃符のお守や長寿を願う白髭様のお守を家茂に渡した。家茂はいたく悦んだ。ところが十一月十五日、江戸城が火災にあい、和宮は吹上御苑へ避難して、清水屋敷、田安屋敷へと仮殿すまいになってしまった。しかし、十二月二十七日、将軍は「御する〳〵　御いさましく御出立あそハし候」と連絡があり、家茂は海路京都へと向った。

途中、風が強く、将軍が大坂に着いたのが文久四年（一八六四）一月八日だった。参内して右大臣従一位の宣下を蒙り、二月十四日将軍家茂は横浜港の鎖港を奏上した。ところが、上京して国政に参画した雄藩諸侯と、大坂城に出てきている幕閣の間で政策の意見が合わず、業（ごう）を煮（に）やし帰国してしまう大名も出てくる始末で、家茂は成す術もなく帰府することになった。元号はすでに元治と改められていた。

元治元年（一八六四）五月七日、将軍は京都を出立した。江戸大奥では大坂から軍船での帰府の知らせをうけ、「大樹様　存外御早く御暇給り」と少々驚いたが、お百度詣は中止した。将軍が江戸に戻ると、「しばらくは奥にて　御しんあそはし　せめて夜分たけにても　御気やすく思しめし候様致度」とねぎらい、黒本尊への御礼のお千度詣が行われた。

この頃、江戸城では度々の火災に見舞われ、政局の厳しいなかの再度の上洛、幕閣が大坂城に詰めて東西に幕府が二分される状態等々による財政の逼迫が、城中の「御人へらし（人員削減）」にまで及んでいた。すると「たとひ本丸人へらしにても　和宮様には御人へらし無て　御不義理合と申訳は無筈に候」（『静寛院宮御消息』）と、和宮の付人を減らす必要のないことが了承されているのに、能登も梅も松江も、帰京を願い出ていた。しかし、世話役の野宮定功が、「か様の時せつ柄ゆへ　女子の旅は実々あふ無　ことに宮中の女ほうなと　猶更　無法成者か乱法致候も　計かたく候ゆへ　先々と丶められ候様」（『心おほえ』）と、両頭に話しており、長橋局から嗣子へ指示がでた。

三人の帰京願いについては、京都では「全体　本人　此御時せつに帰り参り度おもふは　いか丶の物や　御所　和宮様を御大事と存上候は丶　此こんさつの中に　さ様の事は申出ましきはつの事　いか丶心得居候や」（同前）と長橋局は怒っている。しかし和宮は、三人はよく仕えてくれ事情もわかるので、道中の混雑が少しでも穏やかになれば京都へ返してやってほしいと、橋本家へも働きかけていて、自分に仕える侍女の気持ちを理解する女性になっていた。なかでも、母が老齢なので帰京したい能登の気持ちには同情しており、また、三人が帰京すれば「以前勤中の通、首尾よくめしつかはされ候様　かねて御願あそはし候」(同前)と嗣子が言うように、宮は三人の今後の御所勤めに支障のないよう配慮していたのである。

禁門の変と世継問題

七月十九日、禁門の変がおこった。文久三年八月十八日の政変後、藩主父子が「勅勘」を蒙った長州藩が、朝廷や諸藩の間に運動して、朝廷と幕府に嘆願書を提した。それと共に大軍を上洛させて御所に向い、九門を固める会津、薩摩などの諸藩兵と衝突、長州藩は退いたが、京都御所と下京が「鉄砲焼け」とも「どんどん焼け」とも称される大火災に見まわれた。二十四日にこの知らせが大奥にはいり天皇、親王、准后などは無事だったが、庭田家は丸焼けになり、嗣子が土蔵に預けていた品々も焼けてしまい、かろうじて老母は別邸に移って無事だったという。これが禁門の変と呼ばれている。

八月二日、将軍家茂は「長州征伐」の命令を出した。征長総督は尾張藩主徳川慶勝、副総督は越前藩主松平茂昭、参謀には西郷吉之助(隆盛)が入っていた。戦闘がはかどらない場合は家茂の出陣も考えられていたが、長州藩は四国艦隊と戦って講和条約を結ぶはめになり、藩内は禁門の変の責任者三家老、四参謀を処刑し、藩主父子の伏罪書を提出して恭順の意をあらわしたので、家茂は出陣することなく、日々吹上で鉄砲の稽古、駒場野での武術訓練の上覧など、武芸専一にすごしていた。

ところが、和宮にとって気になる知らせが入ってきた。「橋本殿御事　御さしひか(差)(控)へのよしを　京

都より表江申参り　大樹様御聞にも相成候御様子」（同前）だという。観行院は「慎」を申し出ていた。これは長州藩に同情し、朝彦親王に言わせれば、会津藩兵を賊と称して九門の外へ出るように言いふらし、朝敵を助ける行動をとったという嫌疑で、多くの宮や公卿が参朝や外出や面会を禁じられた事件によるものである。処分された主立った人物をあげると、有栖川宮幟仁親王、熾仁親王、鷹司輔熙、大炊御門家信、正親町実徳、日野資宗、鷹司輔政、中山忠能、橋本実麗その他で、和宮はさぞ驚いたことであろう。幟仁親王には幼い頃から和歌の道を学び、現在でも定期的に詠草を送って指導を仰いでいる。熾仁親王は、かつての許婚である。中山忠能は和宮縁組の御用掛でよく世話をしてくれ、そのために尊攘派から激しい弾劾をうけたことがあった。橋本実麗にいたっては、和宮の外伯父である。和宮は実麗の参朝が許されるよう、亀井戸天神へ御祈禱を申し付けた。

だが前関白鷹司父子や日野、大炊御門とだんだんに許されていったが実麗には沙汰がない。気をもむ和宮は、御所へ嘆願書を出すべきかいなか、内々に野宮に相談するが、慶応元年（一八六五）四月になっても、まだお願いなさらぬ方がよいと言われてしまう。実麗が許されたのは慶応三年（一八六七）一月になってからだった。

和宮は健康状態がすぐれなかったが、元治元年の六月末から胸がむかつき始め、七月になると再々えずくようになり、十四日医師が「和宮様恐悦の御催し」と言いだしたので、嗣子は早々に帯親（五カ月目に妊婦に腹帯をつける役の人）、へら親（篦刀で臍の緒を切る役の人）など「御降誕の次第」を御所へ尋ねてしまった。十月一日になって、和宮は血の道（女性特有の病気の総称）や疝（下腹痛）などを併発していて、長引くだろうとの診断がくだった。そうこうすると御所からの返事が届き、降誕の次第が項目ごとに詳しく知らされたが、「御所の御風儀にも成（なり）かたく　関東へまかされ　御見はからひ御よろしき様　御相たん（談）にて御治定しかるへく存候事」（『静寛院宮御消息』）とあった。京風々といわず、関東に任せなさいというのである。懐妊の可能性が少なくなっていて、もう京風、江戸風とわだかまっても詮無（せんな）い話だが、その後も和宮の体調がすぐれず、それでも、もし懐妊であれば手まわしよく担当の医師まで決めていた。

ところで、世嗣問題となればそれは厳しいものである。和宮の病が「血の道」と診断されるやいなや、この時節には早く世嗣を決めなければ安心できないとの理由で、老中から「御手かはりの御人」を召すよう申出があった。大奥で御人さがしが始まり、十二代徳川家慶（いえよし）の時代に大奥に勤めていた瀧島の縁につながり、近頃は奥勤めの大崎（おおさき）の部屋に仕える十六歳の少女「てふ（ちょう）」が候補にあがった。この少女を対面所の庭へ呼び、家茂と和宮の二人が「御すきみ（透見）」をしたが、小柄すぎるということで二人の思召に叶わず、他の少女を探すことになった。しかしどうも「よろしき御人」が見つからなかった。そうなると、「何卒　来年中には御誕生あらせられ候様　致度候故（いたしたくそうろうゆえ）　少々の事は御用捨にて　先日御覧（ごらん）の御人に治定願度（ちじょうねがいたく）」（『心おほえ』）と急（せ）かされ、大奥に馴染（なじ）ませるため少女は派遣召仕（めしつかい）に任命された。しかし、家茂のお召しはなかった。

明けて慶応元年（一八六五）五月十五日、三度目の将軍上洛の前日、和宮の小姓（こしょう）（召使い）となり中臈（ちゅうろう）に任ぜられた「御手かはり」の少女てふは、初めて御錠口に近い御座所で家茂とお目見え、御錠口で御夜食、「御寝申入　御寝なり」となり、その夜は更けていった。翌十六日、家茂は対面所の新座敷で和宮としばらく話をして、四ツ時（午前十時頃）江戸城をあとに品川へ向った。出立前に家茂は瀧山へ、跡目相続は田安亀之助（のちの徳川家達）にしたい意向を和宮と天璋院へ内々に伝えるよう命じていた。和宮は摩利支天（武士の守護神）にお百度詣を始めたが、将軍は二度と帰城することはなかった。

第四章　汚名「朝敵」をのり越えて

1　激動のなかの将軍の死

母観行院の死

慶応元年（一八六五）五月、将軍家茂は江戸城を出発、品川から帰参する家臣の坪内河内守に、和宮へは「わけてもよろしく」申上げるようにことづけて、東海道を程ヶ谷宿に向って行った。江戸城内では二の丸の小規模な御殿が竣工して、天璋院、次いで本寿院も移徙を済ませていて、和宮は気が楽になっていた。八月十八日の政変で、一時、参朝を禁じられたが間もなく許され、勅使として江戸城へ来ていた飛鳥井雅典も帰京した。その雅典に嗣子が、攘夷の手続きを早くして皇国の御威光が立つよう、正しく忠節を尽し軽はずみがないよう、朝廷の不都合にならないように、野宮定功などと勘考することを望んでいる和宮の思召を伝えているので、そのこともひと安心だった。これからは、一途に将軍の無事を願うばかりで、将軍守護のために、日本初の女神といわれている日光瀧尾大権現への信仰をすすめられ、和宮は考慮の上、御小座敷（大奥での将軍の寝所）の床にその神号の掛字をかけ、お供をして拝むことにした。もちろん、対面所陰の御座では陰膳をしていた。

ところで、去年の十一月頃から観行院の体調がすぐれず、兄実麗の参内が止められていることの心配もあって、今年に入ると所労の訴えが多くなり、七月には残暑の暑さあたりで薬のききめも悪くなった。そこで、亀井戸の天神や、目黒の祐天寺、伊勢神宮と京都の五カ社寺に祈禱が仰付けられた。和宮は床近くで母の手も取りたかったであろうに、「内々にて　午後　一寸御すき見遊し候事」という寂しいお見舞いしかできなかった。その間、和宮は観行院の位階を願い続けていて、やっと八月一日に観行院にその話をして手に数珠を持たせることができた。

観行院は疲れが強く、体の自由がきかなくなったので、和宮の依頼がなければ使えない大切な薬、「さい角（犀角）」や「大人参」「熊たん（熊胆）」などが投薬されたが、八月十日子刻過（午前一時過）、三人の医師に見とられて目をとじた。享年四十歳だった。公表は十四日、「今暁　寅の上刻（午前三時頃）薨去」。十八日に「推叙　正五位下　橋本故実久卿御女　観行院　経子　右宣下候旨　今七日議奏衆　被二申聞一候　以上　八月七日」の口宣案が届いた。観行院の薨去が公になると、先々支障のない観行院ゆかりの道具は取替えられ、嗣子はじめ女官たちも「清火（不浄を清めるために火打石で打ち出した火）」を使うために他の女官たちとは同席せず、和宮は「引こもり（服喪）」になったが、寒けがして床についてしまった。

九月五日、大坂の将軍から、今五日に忌明け精進を解くようにと仰せがあった。江戸方は吉服に改めたが、京方は、はたと困ってしまった。和宮は京風によって五十日は素服（無地の喪服）で清火でありたいと思う。御所の沙汰がなければ、除服（喪の明けること）できないと言う。将軍の仰せに従うか、御所の沙汰を待つか、嗣子も困ってしまった。そこでお世話卿の野宮定功が言ってきた。男宮方には除服の別勅があるが、姫宮方には先例がないので将軍の仰せに従い、関東表の通りだけの事は行い、和宮の身の廻りや素服、御火についてはそのままにして、陰陽寮の幸徳井（加茂朝臣保之等〈身分は諸大夫〉）の勘文の日時に除服されるようにと。京風と江戸風の違いは解決できるものではなかった。しかし、和宮が母のために心を込めて書いた御念仏とお地蔵様は京都へ届き、京風に扱われることができたのである。

条約の勅許

和宮が観行院の薨去に涙している間に、日本を取巻く情勢は一段と厳しくなり、国内の状況も大きく動いていた。アメリカ・イギリス・フランス・オランダの公使が軍艦を率いて兵庫浦に集結して、九月十六日、三港開港の条約勅許と兵庫の開港を求めてきた。大坂に来ていた老中阿部正外と松前崇広は、瀬戸内海に威を張る二十艘もの外国艦船を目前にして攘夷の不可能を噛みしめていた。一方、国内では一時、恭順の姿勢を示した長州藩では、高杉晋作の挙兵に始まって反幕勢力が形成され、各藩の反幕勢力との結び付きをもち、さらに、薩摩藩でも反幕勢力が主導権をとるようになってきた。これに対し、幕府はフランスの経済・軍事の援助を頼みにして、第二次の征長を決行しようと勅許を求めた。天皇は長州征討に積極的ではなかったが、禁裏御守衛総督の一橋慶喜が強く望んだので、九月二十一日、参内した将軍家茂に勅許の旨が伝えられた。しかし、幕府はなかなか軍を出せなかった。

ところで、四国公使との折衝はどうなったのか、野宮の言によれば、老中阿部・松前は強硬な外国を相手に兵庫開港を許してしまい、慶喜が大いに驚いて十月七日を期限に交渉の延期を取りつけた。そして、両老中は朝廷から官位召上げ、幕府からは老中職罷免、国元にて謹慎の処分となった。とはいえ、外国との応対は難航し朝廷内は大当惑。十月四日、将軍家茂は一橋慶喜、京都守護職松平容保、元政事総裁職松平慶永（春嶽）、老中に返りざくことになる小笠原長行を同伴して参内し、四国公使との交渉の経過を説明した。その時、慶喜は条約勅許がなければ「来る七日より戦争に相成へく、戦争に相成候節は　迚も今の日本にては勝利覚束なく　たちまち焦土に相成へく　たとひ焦土に成候とも　御いとゐ無候は丶　其御つもりにて御押切可レ被レ遊　若　戦争の上叶ぬ時に成　勅許被レ為レ在和を御乞被レ遊候は丶　以来外夷の属国に相成　恐多も此皇国いか丶相成候や　誠恐入候事」（『静寛院宮御消息』）と申上げ、朝廷では夕方から小御所で朝議が徹夜で開かれた。

『幕末の天皇・明治の天皇』（佐々木克）によると、五日の夜に入って、孝明天皇は決心した。これは実に容易ならざることであり、いま方針を決めなければ取り返しのつかない事態となりかねない。もしそうなれば連綿たる皇統が自分の代で廃絶となり、まことに申し訳なく、また万民を塗炭の苦におとし入れることになっては、見るに忍びなく心が痛むと、天皇は苦渋の決断によって条約を勅許したのであった。こうして、箱館、神奈川、長崎三港の開港が公式のものとなった。しかし、兵庫開港にはふれなかったので、イギリス公使パークスは不満だった。それにしても重大な条約の勅許をうけて将軍家茂は、外交問題では大いに安堵したものの、十月八日、時節がら「政事不行届」を理由に将軍職の辞退を申入れた。が、「厚き思しめしさまにて召と、められ」たと嗣子は書いている。これは朝廷が幕閣の処分を幕府に命じたことで在坂の幕臣が憤り、将軍家茂が辞表を提出することになったのを、それを慶喜や容保が説得して思いとどまらせたのであった。それから将軍家茂は第二次の征長問題に取組むことになる。

和宮と条約勅許

しかし、江戸の嗣子は条約勅許の報をうけ、和宮の様子を「何共〲仰られ方のあらせられぬ御事に思しめし候」（『静寛院宮御消息』）と、和宮の驚きの様子を記し、和宮の願いを野宮定功に伝えた。あまりにも歎かわしいので、「何卒　皇国の御威光立られ様あそは（遊）し度さ　御内々　御まへ様より関白様へ御申入にて　何卒　諸臣にも精々其辺御かん考然るへき様　御取計　御はしまし候様　くれ〲御頼あそはし度　御まへ様迄　此段私より申入候様　仰付られ候」（同前）と、野宮を通して関白にまで申入れようとした。さらには、兵庫に集った艦船が横浜へ戻ったので少しは安心したが、「何分　御根本の御治りに成候様　精々御取斗　御願あそはし度よし」（『心おほえ』）の旨を、大坂へ向う坪内河内守に託して家茂に伝えた。和宮は、開国をせずに国内が治まる政策の立つことをひたすら願ったのである。

和宮は思った。自分が徳川将軍家に嫁いだのは、軍備を充実させて攘夷に向うことを請合ったから、天皇が許されたのではなかったか。だが、一橋慶喜らは開港を拒絶すれば戦争になり、日本は勝てないと朝廷に進言した。それゆえ、天皇はやむをえず勅許になったのだ。残念であり、歎かわしい。慶喜らはその時々によいように発言しているだけで、行末の決まりもつけられず、釈明もしない。これからは慶喜が何を言っても疑いたくなる。このたび、拠無勅許されたが、諸神に祈願して攘夷に向わなければ、皇国の御威光は立たなくなるではないか。自分の縁組の故に条約が勅許になったのでは、これは御代々様方（歴代天皇）、当今様（孝明天皇）に恐れ多いことである。この情勢を公武一和で乗り切ることができれば、縁組も甲斐があったといえるのだ。徳川の政事が行届かず、皇国の治まりにならなければ、実に恐れ入り、実に〳〵心配であると。

嗣子も思った。孝明天皇の年来の叡慮が立ちますように、天下国家の御為に縁組された和宮のためにも、諸臣はよろしく〳〵攘夷に向かうよう尽力されたいと。この二人の念願は文に認め、十一月十一日野宮から二条関白に伝えるよう申入れられた。同じ日、嗣子は日記にこう記した。「野宮殿ニも御心配には候半なから　今一きはり（気張）御勤にて　御忠節を尽され候様　御ほまれ（誉）を後々の記録に御残しの様と申入候」（同前）と。自称「虫の様な女」でも、政治に疎い女性でも、一途な攘夷の念願をもち、そのために尽力することは誉と考え、その名が後世に残ることが栄誉であると理解する時代になっていた。

話は逸れるが、嗣子が朝廷に出す手紙は両頭、すなわち典侍局の頭大典侍と内侍局の頭長橋局の二人に宛てている。その天皇側近で実務を担当する長橋局に異変がおこった。元治元年の禁門の変後、すでに関白を罷免されていた鷹司輔熙や橋本実麗などの諸卿が、長州との関係を疑われ「慎」

の処分を受けたその後の十月、長橋局高野房子(たかのふさこ)も処分を受けた。嗣子の日記によると、「長橋局殿かね〳〵心得方(こころえかた)よろしからす候処　近年　我まゝ増長に付　無レ拠(よんどころなく)思しめしにて　十月十日に里元へ御下り　他人はもちろん一家親そく(族)にも　面会文通と、められ候由」（同前）ということになっている。さらに、翌十一日には督典侍(とくのすけ)、大御乳(おおおち)（天皇の乳母）の二人も里下(さとさが)りになった。二人の里下りの理由はさらにわからないが房子にしても、「心得方よろしからず」とか、「我まゝ増長」と言われるからには、三人とも女だてらに意見を言ったり、長州寄りの言動があったのではなかろうか。真相を知りたいものである。

将軍家茂の死

閑話休題。外交問題は一息つき、国内の最重要課題は再征長一件である。すでに勅許を請け、幕府は従軍諸藩の配備を計画して長州処分案も出した。ところが再征長反対の諸藩の建白があり、第一次の主兵力であった薩摩藩が出兵を断る始末であった。長州藩はといえば、処分案を請けても後に再三再四嘆願書を出してきたので、出兵は延引していった。江戸大奥にも、慶応二年（一八六六）五月十三日に、去る一日の長州処分案が知らされた。毛利敬親(たかちか)に隠居、蟄居(ちっきょ)、広封(ひろあつ)に永(えい)蟄居、家督(かとく)は興丸(おきまる)へ。禄高三十万六千余石は十万石減の残り二十万六千余石を興丸に下されるという。幕府は請書の提出を求めたが長州の返答がなく、六月四日、五月二十九日までに返答がなければ六月五日に出兵する、と伝えられてきた。その日、和宮は容易ならぬ事態だと考え、「精々(せいぜい)　御不都合無様(なきよう)　役々取計候様」と伝えさせて、家茂の身を案じて、ますます祈禱やお百度詣を続けたのであった。

しかし、家茂は四月中旬から胸痛があり、六月には食事が進まなくなってきた。和宮は家茂の病状を心配したが、征長の戦も気になっていた。嗣子が大坂からの便りはないか御用係に尋ねると、確かな事ではないが幕府軍が船で芸州広島から長州へ向い、「入口大島村と申所へうちかけ候所　百姓計にて取合不レ申　騎兵たい（奇兵隊）とか申者出立合　よほどたゝかひ　長州の者五六人計切ふせ候由」（同前）と、咄として奇兵隊のことが伝えられ、幕府軍の負けたことは知らされていなかった。七月一日、家茂は脚気の症状が進んで心臓を冒し、心悸亢進、呼吸促迫を催す衝心の症状がでたので、和宮は湯島の霊雲寺に祈禱を命じた。宮は医師も蘭方医から漢方医にかえるように手配させ、漢方医三人を軍船で大坂へ向わせた。孝明天皇も典薬寮の医師高階安芸守と福井豊後守に命じ、家茂を診察させていた。

紀州の徳川茂承が総督を務めることになった第二次征長軍について、七月十八日になって大奥へ情報が入った。「六月八日手はしめの処　十四日には先陣井伊（直憲）と榊原（政敬）と大敗ほくにて井伊方には数百人打ころされ　家老木また（木俣清左衛門）もうたれ　死かいは国元へ引取候よし」（同前）という、幕府軍敗北の知らせである。大奥では家茂の容体がわかりかね、案じる和宮が極内々に尋ねさせたところ、七月十三日巳刻（午前十時頃）までの病状が七月十九日に届いた。医師たちは変化はなく便通もよいというが、そのなかで大渕祐玄だけが腹部の水気が増しているといってきた。どうも病状がはっきりしない。

七月二十日の江戸は雨ひややかな天候で、和宮は日常通り手習をしてお百度詣をすませ、七月十五日付の便りを見ていた。だがその日、家茂は大坂で薨去していた。二十一日、何も知らぬ和宮は手習をしてお百度詣、蘭方をやめて漢方に改めるよう文を書き、黒本尊へご祈禱を仰せつけた。二十二日も日々の通り、大坂の渭川院（蘭方医）が信用できず、しかるべき御典方にかえる様、松の御殿の天璋院に協力を依頼したが、天璋院は瀧山に相談するだけだった。二十三日、大坂から十七日付の文書が届いた。蘭方医松本良順を侍医としている家茂は漢方を好まず、三人の漢方医は暇を出されたという。二十四日、日々の通り。だが和宮は漢方にこだわった。「とふも其まゝ御聞なかし（流）にも遊し難候故　御さからひ遊し候様成事　何分　御大事の御身の上にあらせられ候へは　御忠孝と思しめし何卒　餘人へ御てん（典）薬の事　御かん考あらせられ候様」（同前）と　今一度おして願い出ていた。

そこへ七月二十二日認めの、「大樹様　御所ろう（労）も追々御六ヶ敷由」の文がきて、二十五日に「二十日に御大切ニ被レ為レ及候」（『昭徳院御凶事留』）と将軍薨去が知らされた。そして、老中からは、天璋院は御養君は田安亀之助でよいとの仰せだが、和宮の思召は、と伺ってきた。和宮は言う。この時勢では幼年の者ではいかがかと心配だ、たしかな後見がいればよいが。そうでなければ「誠に御大事故　餘人然るへき人躰　天下の御為にかん考御坐候様」（『心おほえ』）と表方へ申出た。天下の為を考え、自分の意志を表明する内親王になっていた。和宮はお百度詣を中止して、自筆の念仏と髪先を家茂の棺に納めるよう、実成院へ渡したのである。

七月二十八日、幕府は家茂の死去を公表せぬまま、一橋慶喜の宗家相続と慶喜の征長出陣の許可を求め、翌日勅許を得た。しかし、八月に入ると戦争はほぼ幕府の敗北で終結に向い、八月二十一日に休戦の沙汰書が出された。幕府は八月二十日に家茂の死去を発表し、慶喜の宗家相続を布告していて、九月二日に長州と休戦協定を結んだ。大奥では家茂薨去による忌服日数や女官の服装などが、京風か江戸風かで問題にはなるが、今回は忌明け以外はそれぞれの立場で別々の風儀で取り行うように分けてしまった。葬儀の火葬か土葬かは、和宮と天璋院の意見が一致して土葬になった。天璋院は実成院や本寿院の世話をよくして、嗣子の目には「塩らしい」と写ったが、和宮は悲しみと心配のあまり、夜になると胸がしめつけられて息がつまる症状がおこり、藤子や玉島が和宮を案じる日々が続くのである。

九月六日早朝、家茂の棺は海路江戸の浜に着き、表の御座之間上段に安置された。和宮はすぐに拝礼を望んだが、申刻頃（午後四時頃）表が締ってからになった。和宮は髪の根元から「髢（そえ髪）」をつけて長く垂らし、素服に扇を持って深々と拝礼した。二十二日、尊霊は二槨（外がわの柩）に納められ、宮の自筆の念仏も入れられた。二十三日出棺の日、京方と江戸方は別々の服装であった。和宮は卯刻（午前六時頃）すぎ、表の締りができてから、藤子を伴って御焼香をすませ、出棺は午上刻（午前十一時頃）、葬送は酉上刻（午後五時頃）なので、和宮は新座敷の霊前で拝んでいた。そして、龕前堂へ入棺されて家茂の法事はとどこおりなく終った。忌明けは幸徳井の勘文で、十月十日酉刻（午後六時頃）ときめられていた。

空蝉の唐織ころも（衣）なにかせん　綾も錦もきみ（君）ありてこそ

世の中のうきてふうきを身一つに　取り集めたる心地こそすれ　（『静寛院宮御詠集』）

2　静寛院宮の誕生

和宮と将軍慶喜

将軍家茂に先立たれた和宮には、なすべきことが多くあった。その一つが宗家相続についてである。家茂の遺言が田安亀之助であったから、和宮と天璋院は大坂在住の老中にことづけ、書付を京都二条城にいる一橋慶喜に届させた。だが老中板倉勝静は「最早御相続も被仰出候上の御事故　致方無」と取りあわず、勝静自身は一橋慶喜の将軍就任に力を尽くした。御年寄瀧山をはじめ水戸家嫌いの大奥では「人気そう〳〵しき事」と水戸出身の慶喜に対する不評の声が大きくなっていた。慶喜は慶喜なりに気を遣い、「口上」をもって和宮と天璋院へ、征長の件があったから宗家相続を請けたが、不行届きなことであったと釈明した。しかし天璋院はおさまらず、亀之助の上は遺言通りにすることと要求した。それに対し和宮は亀之助が丈夫に成長し御用に立つ様になれば、老中が勘考して中納言（慶喜）に申入れる様にと表へ申出て、分別のあるところをみせた。後日、慶喜から直筆の相続御礼の書が届いた。

十二月五日、徳川慶喜に「征夷大将軍　大納言　右大将」の宣下があった。一橋家は、尾張藩主になったこともある徳川茂徳が継ぐことになった。

宮の身近なところでは、家茂の生母実成院の身のふりかたが問題になった。江戸城は大火の後、御殿の遣繰りが難しく、実成院が紀州へ帰りたいと言い出した。和宮は、これはお世話をしなければならないと考えて、思い止どまらせることができた。そこへ大坂表から実成院の格を上る話が入ってきて、実成院の敬称が「殿」から格が上がって「様」になった。そして、天璋院のはからいもあって、実成院様の「御住居」は二の丸御殿になり、和宮も義母に親孝行ができたのである。では和宮の生母観行院には、和宮は林大学頭による唐風（漢文）の観行院の小傳（簡単な履歴）を石碑に刻ませ、増上寺に観行院の宝塔を建て供養することができた。

　和宮自身については、家茂の死去によって、嗣子は宮の帰京を橋本実麗に相談しはじめていたが、実麗は家茂の葬儀が終らぬ時期だっただけに否定的だった。しかし、葬儀がすんでもなお悶々としている和宮を見て、嗣子はまたも実麗に宮への諫言を求めると、実麗は宮の行末を案じて帰京を申出ることに同意した。ところで、京都洛外の岩倉の地で未だ隠棲の日を送っていながら、各藩の志士と連絡をとって政治体制に発言を始めていた岩倉具視は、今後の朝幕関係を考えて、叡慮をもって和宮の薙髪を止め、帰京されることを論じていた。だが、当の和宮にはそんな気はなかった。

　そんな頃、和宮は大坂在陣中の家茂の肖像画を見て立腹した。家茂は加茂川の「鴨のはし（鴨の嘴）」を鞘に塗り込めた刀を佩いで、陣羽織を着ている。宮はこの異人を真似た姿を心外に思い、「有来りの御姿」に描き直すように命じた。だがそれだけではすまなくなった。十一月に幕府は軍服を洋装に定めたのである。城中では一同、筒袖、陣もゝ引（ズボン）を着用して登城となった。用人達は違和感をもったであろう。平服で出勤できるよう和宮のお声がかりを願った。和宮は心を決めた。

政事にかれこれ言えないものの、「せめて御広敷（大奥勤務の役人の詰所）一同、宮様の御用取扱候人々丈けは」（『心おほえ』）、是非例外にするよう、強く表へ申込んだ。

なお後日談になるが、家茂の肖像画は徳川玄同によって衣冠束帯の姿に描き改められた。玄同とは、一橋家を相続した茂徳が摂津守を致仕してからの称である。宮はこの肖像を御霊殿にかかげて朝に夕に対面していたといわれている。樹下快淳は「史談会」で、この肖像は徳川家に秘蔵されているという（『史談会速記録』三八四輯）。

和宮は憂鬱だったが、自分の意志をはっきりさせたかった。異人が丸の内（江戸城の外濠の内部）まで往来すること、日本人が異体（洋風）を学ぶことの二項を禁じること、そしてこれを慶喜に明確に伝えることの三カ条を、大奥の錦小路と将軍側近の瀧山の二人を従えて、嗣子が直々に表へ申出るように命じた。和宮は宗家を相続した慶喜に、「攘夷」が使命であることを自覚させたかったのである。だが慶喜の返答はなかった。

孝明天皇と静寛院宮

さて、十二月九日和宮の薙髪の日が来た。宮の降嫁に力を尽したあの大叔母勝光院が登城していた。巳刻（午前十時頃）和宮は髪はかもじ（加文字）、服は間白で黒地の繻珍（繻子地に絵緯で紋様を浮織にした布地）、紅の袴をつけて仏前へ進み、御戒師（戒を授ける法戒師）が授けた書物を拝瞻（おがみ見る）する。それから上臈藤子が勝光院の側に進み、和宮のかもじの髪先を削いで退く。和宮は髪や化粧を直し、服は白、袴は萱草色（黄に赤みを帯びた色）に改め、また仏前に進んで御戒師の進上した院号を見て、仏前を拝んで奥の仏前へと進み、部屋に戻って式は終った。和宮は静寛院宮様となったのである。この院号は大内記唐橋在綱の勧進した幾つかの名称から、孝明天皇が選んだものである。『礼記』の「文にして静　寛にして辨あり」（表記章）を典拠としている。申刻（午後四時頃）勝光院は帰って行った。宮の髪は高野山に納められることになる。

翌日、表から天正年中（一五七三〜九〇）の軍装は、そぎ袖、ほそ袴でこれを異人の姿だとはいわなかったので、留守居の者は筒袖、ズボンにしたいと申入れがあった。それに対して静寛院宮は、たとえ天璋院は許しても、自分の供は用人同様「日本の平服」で勤めることと仰せ出された。これが静寛院宮になっての初の意向であった。

本丸の建築が進まず、御廉中（徳川一族の夫人たち）の住居を案じながら、静寛院宮は引続き西の丸に住むことになった。宮は家臣室賀伊予守が上京するにあたって、将軍慶喜への書を託した。慶喜は朝廷によく忠勤を励むこと、天璋院に孝行すること、本丸の建築を勘考すること、と申入れ、自分は京風を遵守する、と先代将軍の御台所であり、内親王である立場から、言うべきことは言うぞ、との姿勢を表明したのである。さらに、兵庫開港の風聞を知ると、天皇の思召を委しく伺って、自分も表へ厳しく申出たいと野宮に伝え、静寛院宮の外交問題についての気概を示した。

慶応二年（一八六六）十二月二十三日、静寛院のもとに孝明天皇が疱瘡を患っているとの知らせが入った。その後の病状も告げられたが、翌年一月二日になって、天皇の容体の「軽からさる御次第」が伝えられ、宮は驚いて使を差登せようとした。しかし、天皇はすでに崩御していて、表方はそれを知っているから、宮に使者を見合せてもらうよう苦心した。嗣子は「実々　言語にの（述）へかたき御事恐入候」と記している。翌三日、「旧臘（先年の十二月）二十五日夜　大切に被レ為レ及候」と表より天皇の崩御が知らされた。宮は悲しんでいるひまもなく、朝廷から江戸へ差向けられている嗣子、能登、三仲間の梅と松江の身分に配慮しなければならなかった。宮自身は忌服を請け、十八日に忌明けすると十九日から二十七日まで触穢の扱になった。二十八日、触穢が明けると髪を洗いお湯をつかって身を清め、やっと常服で日を送ることになったのである。

その間、朝廷では一月九日に明治天皇が践祚し、孝明天皇の勅勘を蒙って参内を止められていた宮・公卿の方々が許され、静寛院宮のもとへは、まず橋本父子が許されて本番所参勤になったことが知らされ、また、有栖川宮父子も参内が許されて、天皇の棺前で拝礼できたことも伝えてきた。だが、隠居の身であった藤宰相（高野房子）の再勤はなかなかむつかしかった。四月になって参内が許されると、「きつう御かしこまりのよし」と伝えられたほどに房子は恐縮していた。女官たちは房子を「御くろう（苦労）――御きのとく（気の毒）」とは思っていたが、「よほと御気はり（張）無くては　御下のいきほい（勢い）段々つよく相成候半」（『心おほえ』）と、帥典侍広橋静子は内侍局の頭だった高野房子のこれからの勤務の厳しさを嗣子に伝えていた。

静寛院宮はながく江戸で勤めてくれた嗣子、能登、梅、松江のこれからの勤め方については、苦労にむくい本人の希望をかなえてやりたいと思って、橋本実麗や大典侍中山績子とあれこれ相談した。梅は明治天皇のもとでの奉公に決まるが、松江は薙髪を勧められた。宮は松江を小大夫の身分で奉公をしてから薙髪にと交渉し、能登をふくめて世上が落着くのを待って九月か十月の帰京へと話を進めていった。だが嗣子だけは薙髪を望んでも許されず、宮のもとに仕えることになった。宮は勤仕する侍女の身を案じたが、政治状勢が急速に混乱の度を増していくので、宮の思い通りにならなかったのである。

なお、仕えた主君が薨じると臣下は身を引く慣（ならわし）があるので、将軍家茂が薨去すると御年寄の瀧山は、葬礼関係の事柄がすむとお暇を頂きたいと申出た。静寛隠宮は、それでは先君へ不忠になるから止（とど）まるように諭（さと）したが、瀧山の決心が固く、十二月二十五日、宮は願い通り暇は出すが、大奥の上臈錦小路に将軍家の家風を篤（とく）と教えてから下（さが）るように、先君の一周忌までは止まるようにと表方へ仰出された。瀧山はありがたくそれを請けた。翌慶応三年十一月、将軍慶喜の御年寄役には名を藤山から改めた野村が就任して、お目見えがあったことを述べておきたい。しかし、その時も慶喜は京都にいた。

孝明天皇を失い、明治天皇はまだ若く、側近の公卿にも異動があり、将軍も代替しているので、先代将軍の妻として静寛隠宮は、三月十九日、老中をはじめ役々の者に対し征夷の職掌を専一に精勤を励み、間違いなくかの三ヵ条の返答をよこすよう命じた。しかし慶喜の返答はなかった。五月にもなると上目黒（かみめぐろ）の駒場野（こまばの）（幕府の馬の調教場）あたりに異人屋敷ができたとの風説がとび、宮は外国事務総裁に就任した老中小笠原長行（ながみち）に状況を尋ね、またも三ヵ条を自筆で書いて、是非々々将軍慶喜に見せるように命じた。しかし、慶喜は時勢をよみ、諸藩の建白を持って朝廷に申出（い）でて五月二十四日に兵庫開港の勅許を得ており、長行も開港に向けて努力していたのである。二十三日付の御所よりの大箱には、宮へは何の文もなく練羊羹（ねりようかん）一箱が入っていて、両頭からの文で御世話卿が正親町三条（おおぎまちさんじょう）前大納言（嵯峨実愛）にかわったことが知らされた。

女儀の道を破っても

静寛院宮は、関白時代に孝明天皇の信が篤く、明治天皇の摂政になった二条斉敬から昨今の情勢を聞きたいと思い、橋本実麗に直書を出した。また、宮へ一言の返答もない失礼な態度の将軍慶喜、そして老中の姿勢に思いあぐねる嗣子も、「当時勢　何と心得てよろしく哉」と実麗に文を出した。嗣子は、宮が先帝の堅く止めた兵庫を開いたことに大いに不審を抱き、女が政治に関わることはよくないと思いながら、「異国の事に付は　天下国家の御為に　御女儀の御道も御やふりあそはし候程の事故」（同前）と、宮の並々ならぬ決心の程を伝え、攘夷の道を進むことを願った。六月十二日になって老中稲葉正邦が帰府したので、慶喜の伝言を期待したがそれもなく、正邦は、開港は勅許がなければ治まらないので、御所からお許が出たのだと説明した。宮はやりきれない気持ちになったであろう。

かつて宮は、家茂が三度目の上洛をした頃、外国交渉に大問題をかかえているのに、征長の件がのしかかり、「世上の形勢」の容易ならざる状態が叡慮を悩ましている時、臣下一同は皇国の威光を立てるため精勤しているが、これは「女子の力に及へき事にも無　いまた　左ほとの才知すくれ候御人も　先々当時は有ましく　左候へは　男方ならては成不レ申」（『静寛院宮御消息』）と、政治は男性によって行われるものと思っていた。それが嗣子の宮への教育でもあった。そして嗣子は、女儀ながらの心がけが大事と考えて、宮が貞節を尽し後々までも誉れを残し、名高く記録に誉れを残されることを願っていた。だが、家茂を失い静寛院となった宮は、女儀の道を破ってでも天下国家のために尽したいと思うようになっていたのである。

余談ながら、朝廷では将軍慶喜の政治手腕に操られている二条関白や朝彦親王（中川宮）に抗議して、慶応二年八月三十日、大原重徳、中御門経之など二十二人の公卿が参内して、天皇、朝彦親王、晃親王（山階宮）、二条関白らが列座するなかで、大原が代表して諸大名の召集は朝廷主導で行うこと、文久二、三年、元治元年の三カ度に処分された公家の赦免、朝廷政治の改革を言上した。九月四日、二条関白と朝彦親王は辞職を申出て、天皇に慰留されたが、二人は参内を辞した。この経緯が大奥に伝わると、嗣子は「中川様御引に成　大に御よろしく　世上の人々も是よりよの中なをると中悦居候」（『心おほえ』）と書いている。攘夷を止め公武一和を実現しようとする朝彦親王は天皇には信頼されていたのだが、攘夷派にはもちろん、大奥でもどうも疎まれていたようだ。

二条関白が出仕すると、十月二十七日、二十二名の列参の公卿は「差控」、「山階宮様閉門蟄居、正親町三条殿（実愛）閉門被二仰付一候由など　御申入恐入候」（同前）と嗣子は記しているが、朝廷の秩序を乱す二十二卿の列参を許さなかった孝明天皇の処分のあり様には、「恐入候」と記すだけで嗣子は意見をはさんでいない。宮に従って下向した女官たちにとっては、「叡慮」は至上のものであった。だがいずれにしても、激動する政治状況のなかで生活する女性の見識は、それぞれに広くなり深くなっていったようである。

宮の帰京の実現は

宰相典侍嗣子は、静寛院となった宮の行末をひたすら案じ、帰京のだんどりをつけたいと思っていた。京都でも、朝廷の権威を回復し、朝廷政治の改革を目ざす公卿たちが参内を許されると、朝廷内で宮の帰京が内議されるようになった。中山忠能が、明治天皇が宮の上京を勧められた時にはお受けするよう、宮との打合せの必要を橋本実麗に告げると、この忠能の内意に接した嗣子は宮の帰京に現実味をおびたことを知った。四月二十八日、嗣子は実麗に返書を送った。先帝の攘夷の叡慮が無視されたのに等しい状況で、異人が江戸市中に跋扈しては、宮が江戸にとどまっても徳川家の為にならず、御所の威光にもかかわるので、帰京の運びを願いたい。そして、新帝の思召により上洛を仰せられると好都合だと申入れたのである。その頃、静寛院宮も実麗に、帰京の趣旨を寄せていた。

朝廷でも五月八日、天皇が摂政二条斉敬に宮の帰京の方策を講ずるよう内旨を下し、実麗も公卿衆に働きかけて、六月に入って朝廷と幕府の間で内交渉が始まった。六月六日、嗣子は新帝の厚き思召による帰京の趣意を立てるように願い、この事が私が申入れたとは近衛様（忠房）や天璋院様に決して話して下さるなと実麗に懇願した。よく気を遣う嗣子であるが、嗣子は一端の策謀家でもあった。六月十五日、嗣子は咳が強くなり肺に熱があるので、この日から養生することになった。

それでも嗣子は、帰京は当今様（明治天皇）の思召によるもので、決して宮の御願い立てではないと実麗に申入れた。実麗からは、摂政様もよく〳〵ご承知で、中山殿、柳原殿、正親町三条殿もご承知のはずだから安心するようにと慰められた。だが帰京の交渉ははかばかしくは進まず、安心することもできず、嗣子の病いは重くなっていった。八月六日「宮様より御煮梅いたゝき　おいしき事にて候」（同前）と記したこの日で、嗣子の『心おほえ』は筆を閉じた。慶応三年十一月逝去、四十八歳の生涯を終えた。

嗣子が床についてしまった九月になって、静寛院宮の帰京への働きかけが強くなった。朝廷では、山陵修補を手がけて討幕派にも佐幕派にも顔がきく、宇都宮藩の家老戸田忠至に朝幕間の周旋を依頼して、宮の帰京の促進をはかった。宮の側近では、上京していた土御門藤子が、しばらくの間でも帰京できるよう朝廷に願っていた。『和宮』（武部敏夫）によると、十月になって、和宮は大典侍、勾当内侍にあてた直書を能登に託していた。攘夷のために下向したのにその甲斐もなく、異人が徘徊する江戸にいては朝威を汚すことになるので、緊迫した情勢に処する対策を勘考して指示してほしいと要請したのである。

内旨を受取った朝臣は幕府と折衝し、やっと、明年（慶応四年）一月中旬を上京の期とする約束をとりつけ、朝廷は十二月九日、王政復古を宣言したその日、静寛院宮を京都に迎えるため、近く公卿を江戸へ向けることを布告した。天皇も帰洛を勧める内旨を出したが、しかし天皇は、宮の御陵参拝の素志を果すことと、宮との対面を望んだだけで、都合次第では江戸に帰らせる考えであった。

慶応三年七月十二日、昭徳院（徳川家茂）が「贈正一位　太政大臣」の宣下を蒙っていた。この贈位は静寛院宮が、家茂の一周忌までに是非々々贈られたいと願っていたことであった。しかし、「正一位と中御事は　よほと重き御事故　先　此度は御見合あそハし　御三年迄　御さたもあらせられすは　御願進しられ候ては　いか丶と」（『心おほえ』）いわれていたのが、将軍慶喜の尽力もあったが、宮の力で達成したのである。宮は徳川将軍家の御台所としての最高の働きをなしとげたといえよう。

だが江戸の情勢は厳しく、薩摩藩士らの江戸市中放火、和宮、輪王寺宮公現法親王（後の北白川能久親王）、天璋院を奪う計画があるという風評等々、不穏な空気が広まるなか、十二月二十一日、朝廷は非常の場合の宮の保護と帰京の準備を、幕臣の大久保一翁、勝海舟に特命した。特命の内書は橋本実梁から、当時帰京していた上臈玉島に渡された。政局は王政復古の号令が発せられ、慶応四年の戊辰の役へと進む。

母、夫、兄を次々と失い、口うるさい、しかし誠意をもって宮に仕えた庭田嗣子も死去した。静寛院宮は土御門藤子、上臈玉島、藤御乳として常に宮に仕えた少進（絵島）らに支えられて、鳥羽伏見の戦に始まって、慶喜が朝敵となる渦中へ入っていくことになる。しかし、身長一四三センチ、体重三四キロと推定されている小柄な宮であったが、苦難を前にしても赫たる精神を失わなかった。

3　婚家徳川宗家の瓦解

大政奉還と王政復古

幕末の日本は静寛院宮の知らない世界で、政権抗争が激しくなっていた。将軍家茂が第二次の征長の勅許を得ようとしていた頃、土佐の坂本龍馬の斡旋により、慶応二年（一八六六）一月二十日、薩摩藩の西郷隆盛と長州藩の桂小五郎（木戸孝允）が代表して、討幕の道筋を視野に入れた「薩長同盟」を結び、征長戦争で幕府軍は敗退した。将軍となった徳川慶喜が朝廷の掌握に成功すると、薩長は武力討幕の準備に取りかかった。ところが、武力によらない政治改革を計画する土佐藩が、坂本龍馬が新たな国家構想として、公議体制による政治改革を練りあげた「船中八策」をもとに、六月下旬、薩摩藩と「薩土盟約」を結び、雄藩は複雑に政治改革の道を探っていた。

一方で薩長の討幕計画の日程が進んでいるなか、十月になると土佐藩の藩主の後見山内容堂（豊信）、後藤象二郎が徳川慶喜に、大政を奉還するよう建白した。慶喜は幕臣、諸藩にはかり、十月十四日大政奉還の要請書を朝廷に提出し、二十四日に征夷大将軍の辞表も出した。内心、慶喜は幕府が消滅しても徳川宗家は大々名として、朝廷のなかで実権が握れるものと踏んでいたのではといわれている。

しかしその頃、「賊臣慶喜を殄戮（殺し尽す）せよ」との詔書、いわゆる「討幕の密勅」が、中山忠能、正親町三条実愛、中御門経之の奉じたものとして、岩倉具視から薩長両藩に渡されていた。だがそれが秘されているうちに幕府は倒れ、密勅は明治の中頃までは世に知られることはなかった。

大政を奉還した徳川慶喜は対外問題を重視していて、外国貿易が盛んになった今、対外方針を一定にして、広く天下の公議を尽くした上で聖断（天子の裁断）を仰ぎ、協力して皇国を守っていきたいと考えていた。静寛院宮は慶喜の態度に立腹していたが、慶喜は慶喜なりに日本国を率いる立場から、万国並立の国威を立てたかったのである。朝廷では摂政、関白、左・右大臣らの発言力が弱くなり新体制の確立を望む中下級の公家の活動が活発になったが、国の方針を決定するに当っては朝廷としての態度が明確でなく、有志諸侯が上洛するまでは幕府に政務を委任するという朝命を下す状況であった。そこへもって、大政奉還後の政治体制を構築するために動いていた大久保利通、西郷隆盛、後藤象二郎らが上京してきて、宮廷内の改革派の公家と結び、王政復古のクーデターが実行されるのである。

兵庫を開港した二日後の慶応三年（一八六七）十二月九日、前日からの御前会議が終って、元服も終っていない幼い明治天皇の命によって会場にとどまっていた公卿と諸侯のいるところに、小箱を持って岩倉具視が参内、有栖川宮熾仁親王や山階宮をはじめ参朝が予定されていた公卿や諸侯が集ってきた。幼帝が中山・中御門・正親町三条に擁されて学問所に出御すると、そこで小箱のなかの勅書、「神武創業ノ始ニ原ツ」く王政復古の宣言がなされた。「王政復古・国威挽回」を基とし、「摂関、幕府など」の官職を廃止し、仮に総裁、議定、参与の三職を置いて国内外の政務にあたるというものであった。その日、第一回の小御所会議が開かれ、薩長の武力を背景に岩倉や大久保の主張する、前将軍徳川慶喜の地位剥奪と領地没収が決定した。

朝敵徳川慶喜

二条城内の旧幕府は激昂した。慶喜は一触即発の危険を避けるため、十二日夕刻、二条城裏門から兵を率いて下坂の道をとった。大坂城内も厳しい雰囲気になった。京都では二条城は水戸藩が預かり、伏見では慶喜から伏見守護の命を受けていた新選組などが伏見奉行所に駐屯していて、伏見薩摩藩邸との間に険悪な空気が流れた。薩摩藩士が江戸市中やその周辺で挑発的な行動に出ていることを知ると、旧幕府軍、とくに会津・桑名両藩がだまってはいなかったので、慶応四年（一八六八）一月二日、「薩摩藩討伐」の奏聞書を携えて、慶喜は京都へ向けて軍を進めた。

薩長軍はそれに対峙（たいじ）して、一月三日、薩摩兵の発砲から鳥羽・伏見の戦いが始まった。戦闘は一進一退、本営たる伏見奉行所の攻防戦はすさまじく、会津兵や新選組は死にもの狂いで戦った。だが奮闘空しく旧幕軍は敗退し、総崩れになってしまった。三日夜、議定（ぎじょう）の仁和寺宮嘉彰（にんなじのみやよしあき）親王が軍事総裁に任じられ、征討大将軍として「錦（にしき）の御旗（みはた）」を押立てて軍を進め、薩長を中心とする新政府軍は「官軍」として志気を高めた。大坂と伏見を結ぶ要衝の地、淀（よど）藩主で老中であった稲葉正邦ですら、官軍に味方してしまったのである。ちなみに、嘉彰親王は静寛院宮の父仁孝天皇の養子となって親王宣下を受け、名の嘉彰を賜わった人物である。さて、慶喜は六日夜、大坂城を出て海路江戸へ向った。翌七日、正式に慶喜追討令が出る。十日、慶喜と佐幕派諸藩主や幕府官僚の官位が奪われ、慶喜はまさに「朝敵」となってしまった。

静寛院宮は庭田嗣子を失って、直々に日記を記し始めた。その始まりが慶応四年一月九日「慶喜より　薩罪状奏聞（さつざいじょうそうもん）之書付　会津家来書状　表方（おもてかた）より入　錦小路持参」（『日記』）であった。続いて「当月三日　慶喜上洛の処　薩長と戦争ニ及　慶喜ハ二条へ入城之由」と記され、六日も経っているのに慶喜が二条城へ入ったと、事実でないことが知らされている。十二日の早朝、慶喜は軍艦「開陽丸」で江戸へ帰った。ここで宮は「徳川反逆（とくがわはんぎゃく）の色顕（あらわれ）候やに」と、慶喜が朝敵になったことを知った。

賊名を負って江戸へ帰ってきた徳川慶喜は、将軍としては入ったことのなかった江戸城で幕閣の会議を開いた。勝海舟の『海舟日記』によると、「空議（くうぎ）」、「参政・堀（右京亮（うきょうのすけ））惑死（わくし）。御用部屋に於て自殺す。」の記述があり、会議は空まわり、若年寄兼外国総奉行の堀直虎(ほりなおとら)が自刃した。そして「東府の諸士は、軍を率いて箱根・笛吹(うすい)（碓氷）に待たむという者あり、或いは軍艦を以て大坂を衝(つ)かんと云い、紛々擾々(ふんぷんじょうじょう)、その方向を弁ぜず。」と、議論沸騰して騒然たる様であった。その上、フランスと結んで軍資を調達し、あるいは軍事援助を受けてでも薩長軍と一戦交えたいとする者もあり、幕臣は全体としては主戦論に向っていた。

しかし、慶喜は朝廷への恭順を決意していたので、フランス公使から援助の話があってもそれを謝絶し、あくまで朝廷に謝罪してこの窮状を打開したいと考えた。慶喜は朝廷とのパイプをもつ越前の松平慶永(よしなが)などに朝廷への陳情を依頼したが、結局は静寛院宮に頼るしかなかった。また、朝廷では宮の身の安全をはかることが、一義的(いちぎてき)に配慮を必要とするところであった。帰京のだんどりまでついていた宮であったが、ここで、十四代将軍の妻であり、朝敵徳川家の一族である自分の立場を見据えねばならなくなった。

慶喜は東帰したその日一月十二日、天璋院には対面できたが、一通の返事も出さなかった静寛院宮には敷居が高く、後日の面会を伝えて天璋院に取成しを依頼した。十五日になって宮は面会を許して事の顛末(てんまつ)を報告させ、慶喜の歎願を聞いた。慶喜は引退の決意と後継者の選定、そして謝罪のことを朝廷に伝奏してほしいと願ったが、宮は謝罪のみを引受けた。慶喜が女官を新政府へ派遣してほしいと、たって歎願するので、宮は歎願方法を天璋院と相談して、一応、征討大将軍仁和寺宮（嘉彰親王）へは土御門藤子、東海道鎮撫総督橋本実梁(さねやな)へは上臈玉島を派遣することにして、その準備は錦小路が受持つことになった。

土御門藤子、京へ向う

宮は慶喜の書いた歎願書には内容、措辞（言葉使い）に厳しく訂正を加え、幾度も認直しを命じ差戻した。時には藤子と玉島が慶喜に直談もした。また、慶喜が辞官・禄高の事も書きたいと、慶喜付の御年寄野村に文を持たせたことなどもあって、謝罪文は、練りに練りあげられていった。そこで、天璋院を通して「女使」を立ててほしいと頼む慶喜の願いを聞き入れ、静寛院宮はあらためて橋本父子への直書二通と、慶喜の歎願書一通を文筥に入れ、土御門藤子に持参させ京都へ向わせた。

宮が橋本実梁へ宛てた書状は次のようであった。長くなるが要点を記してみよう。

（前略）去ル三日　召ニ依慶喜上洛之処　不慮之戦争ニ相成　朝敵之汚名を蒙り候間　一先帰府之処　徳河征伐之為　官軍差向られ候やニ承り　当家之浮沈此時と心痛致しまいらせ候（中略）何分雙方を承り不レ申候ては　理非分り兼候　此度之一件ハ兎も角も　慶喜是迄重々不行届の事故　慶喜一身ハ何様ニも仰付られ　何卒　家名立行候様　幾重ニも願度さ　後世迄　当家朝敵之汚名を残し候事　私身に取候てハ残念ニ存為レ参候　何卒　私への御憐愍と思しめされ　汚名を雪家名相立候様　私身命ニかへ願上まいらせ候　是非々々官軍差向られ　御取つぶしに相成候ハヽ　私方も当家滅亡を見つヽ　ながらへ居候も残念ニ候まヽ　急度　覚悟致し候所存ニ候　私一命ハ惜不レ申候へ共　朝敵と共ニ身命を捨候事ハ　朝廷へ恐入候事と　誠ニ心痛致し居候（後略）

（『日記』）

この文で、当時の宮の率直な心情を知ることができる。宮は徳川家の一員として発言し、鳥羽・伏見の戦いは、双方の言分を聞かねば理非がわかりかねるというように、客観的に正確に物事を見ようとする理性を身につけていた。そして、いずれにしても慶喜の罪は身から出た錆、如何様になっても仕方がないと言ってのけ、自分の身命にかえても朝敵の汚名を雪ぎ、徳川の家名の立ちゆくことを願った。もし、徳川家が滅亡するようであれば、「急度　覚悟致し候所存」であると、強い決意を表明したのである。

ちょうどその頃、新政府では徳川家征討の布告を出そうと考えていた。薩摩藩が征討を強硬に主張していて、勝海舟が「大胆識と大誠意」のある男だと称する西郷隆盛でも、大久保利通にこんな手紙を書いていた。「慶喜退隠の嘆願、甚以て不届千万　是非　切腹迄ニハ参り申さず候ては相済まず（中略）静寛院と申ても　矢張賊の一味と成りて　退隠ぐらいニて相済候事と　思し召され候はゝ　致方なく候に付　断然　追討あらせられ候事と　存じ奉り候」（『大久保利通文書』）と。ところが一方で岩倉具視らは、朝幕の紛争が長びけば、イギリス、フランスなどの列強が干渉してくる恐れがあると考え、時局収拾のための寛典論（慈悲深い処置）を唱えたので、政府としての結論はなかなか出せなかった。

静寛院宮の文筥を携えた土御門藤子は、一月二十一日江戸を立った。藤子は陰陽頭土御門晴親の女である。安倍晴明を祖とする堂上公家の土御門家は諸国に門人を持ち勢威を張っていたので、藤子は当時の不穏な状況のなかでも、そんなに臆することもなく道中を進めていた。二月一日、藤子は桑名(くわな)の光徳寺に滞在中の橋本実梁に面会して、宮の直書(じきしょ)を渡した。藤子は実梁を見て、「御身なりにしき(錦)の御したゝれ(直垂)め(召)し　御出遊し　先後に武家沢山に御かため(固)致　尤(もっとも)　御馬にて　御馬印なと御もたせ遊し候　事にりつは(立派)成事　しかし　心よからぬ事に存　なけか(歎)はしく存候」(『土御門藤子筆記』)と、官軍の将(しょう)実梁の出立(いでたち)を見るのは悲しかった。錦の直垂(ひたたれ)を着た実梁から新政府の事情を聞き、「中々けしからぬ御事にて」、宮からの願いは朝廷へ届かぬのではないかと藤子は心配した。

三日、土山宿(つちやましゅく)に土御門家の家来吉田式部(よしだしきぶ)が着いていて、藤子の入京許可を伺う手紙を里元から議(ぎ)定衆(じょうしゅう)へ届けるだんどりをつけた。が、「か様(よう)の折から故(ゆえ)、関東の男子向は草津迄にて　一人も入京は成申さす　女向はよろしきよし」と聞き、藤子は「大驚　恐入に御座候」(同前)と男性を入京させない事態の厳しさにびっくりした。六日、土御門本家や里元の支援を受けて、藤子は京都に着いた。しかし、藤子から宮の文筥(ふばこ)を御所へ上げることができず、実梁からの文ですら、治部卿(じぶきょう)倉橋泰聡(くらはしやすとし)から参与万里小路博房(までのこうじひろふさ)へ届けるというだんどりで、橋本実麗に会うこともむつかしかったのである。七日、八日の両日とも、藤子には何の沙汰もなかった。

十日になって、やっと藤子は倉橋家で参与中院通富(なかのいんみちとみ)、議定長谷信篤(ながたにのぶあつ)に会うことができた。宮の意向を話し、歎願書の返答が一日も早くもらえるよう申入れた。その後は長谷議定に手紙を出したりもしたが、「御返答の御沙汰」はなかった。新政府内では大久保利通の主張する、慶喜が朝敵だから親征が決定したのだから、慶喜の退隠ぐらいでこれが謝罪なりとは、新政府を愚弄するのも甚(はなは)だしい。慶喜が天地の間を退隠(死ぬこと)してはじめて兵は解かるべきである。との意見に賛同者が多く、慶喜の峻厳な処分を主張する声が大きかったので、寛厳両論に決着がつきかねていたのである。そして、二月十五日、政府は東征大総督有栖川宮熾仁親王の進発を決定した。

十六日、藤子が返答を催促すると、戌刻（午後八時頃）になって長谷議定から、朝廷からの書取りの「返答書」を受取り、御所へのご機嫌伺いは不用、一日も早く京都を出立するように言われた。その夜は橋本邸で実麗に与えられていた「口演書」（口頭で述べられたものを記した書）を受取り、屋敷へ帰ったのは夜明けだった。十七日、長谷議定が世話をしてくれた東海道通行の印鑑が届いたのが夕方で、宿々にそれを送って十八日、藤子は京都を出立した。

東征軍の進発
高取稚成筆「大総督熾仁親王京都進発」部分
（明治神宮聖徳記念絵画館蔵）

浜名湖の辺荒井宿（新居）は実梁の本軍であふれ、仕方なく神主の家を借りて実梁に会い、往路でもらった印鑑を返して、復路の印鑑をもらった。駿河の府中宿でも大勢の武士に出会い、大村益次郎の家来からは印鑑の有無を尋ねられ、道中はそれぞれ混雑していた。二十九日、戸塚を出て未刻過（午後二時過頃）品川に着いた。西の丸から下男二人と書役衆一人が来た。宮と天璋院から心のこもったお重一組ずつと、菓子の入った食籠が届けられ、晦日昼頃、藤子は江戸城に着いたのである。『土御門藤子筆記』はここで終る。

宮、徳川家存続の道をつける

静寛院宮は藤子から「返答書」を受取った。だが内容は、静寛院宮の願意については朝議を尽すというだけのものだった。しかし、実麗からの文には、正親町三条実愛の文の写が入っていた。それには「此度の事ハ　実ニ容易ならざる義ニ御座候へ共　條理明白謝罪の道も相立候上ハ　徳川家血食（祖先の霊を祀り子孫が絶えないこと）の事ハ　厚思召も有らせられ候やにも　伺候間　右の所は宮様よりも　厚御含有らせられ候様　存候事」（『日記』）とあって、徳川家存続の道のあることが記されていた。宮は長谷議定の返答書だけを天璋院に知らせてから、錦小路から亀之助の父田安慶頼と表方に見せた。

有栖川宮大総督が二月十五日に京都を発進していることは、二十五日には江戸大奥へ知らされていて、静寛院宮はその日、藤子が携えた宮の歎願の趣意が、万里小路から三条実美に伝えられたことも、実梁の手紙で知った。幕閣は官軍東征の道筋へ、三家三卿のうち誰かが詫に出ることを決めたので、田安から天璋院へ、天璋院から宮へと相談があり、一橋茂徳が行くことに決った。三月一日、静寛院宮は、天璋院や田安慶頼、表方から、官軍の進攻と錦旗御止めの願文を大総督へ出してほしいと頼まれたが、すぐには応じなかった。

二日、一橋茂徳、田安慶頼両人の歎願書を一橋が大総督の軍門へ持参することになった。そこで宮は進軍の猶予は願わないが、歎願書が大総督に見てもらえる様、取計って頂きたいと実梁に頼み入れた。緊迫した情況のなかで、宮は直接有栖川宮に依頼することはできないと思ったが、必死の覚悟であった。

七日になると田安より錦小路へ、城内退去の時は天璋院は尾州（尾張）屋敷へ移るつもりだが、宮は如何かと尋ねてきた。宮は「当城立退ぬ心得乍　万一　御開城と申様成節ハ　是非無事」（同前）と答えた。九日、静寛院宮は江戸の人心を取鎮めるために、山王社へ祈禱を申付けたいと表方に相談し、了解をえた。また、府中宿に陣取る実梁から、歎願書を出すには粗暴な振舞いがあってはならないから、女使を立てるように伝えてきた。そして、田安から城中退去の申出であれば、宮は異議をとなえず立退くようにと。この日は、幕臣山岡鉄太郎（鉄舟）が駿府へ赴き、討幕軍参謀西郷隆盛に会って、徳川家救済と江戸開城について直談判していたのである。

4　江戸無血開城

藤子・玉島、官軍を止める

慶応四年（一八六八）三月十日、静寛院宮の書状を持った土御門藤子は、またまた江戸城を出立した。目ざすは府中の橋本実梁の陣中。宮の持たせた書状は、田安慶頼が恭順実意をもって、江戸の士民に不敬の義がないよう諭している、しかし、徳川興廃の危機にあって心得違いの者が出ては、朝廷に対し恐れ入ると共に、謝罪の道が跡絶えることが心配で、慶頼に士民の説得を申付けている、「慶喜（付）属の者ハ御征伐　無罪之者ハ寛大の御処置」（『日記』）があれば、人気は動揺しないと思うので、「実々鎮撫方」を日夜心痛している、私は女なので不行届のため、実意、慶頼を助けたいと思っているから、大総督宮様へお取成の事を幾重にもお頼みする、といった内容だった。藤子はこの書状と、家臣へ見せる布告の書付を実梁に渡した。

一方、板橋宿に陣取る薩長の隊長へは、大目付が歎願書を持参した。その総督府参謀からの返答は、軍勢を私に止めることはできないというものであった。ところが田安から、近日岩倉具定が板橋宿に着くので軍勢を止めてくれるよう、女使を立て歎願するよう依頼があり、宮はすぐさま承知した。女使は上臈玉島、供の男子が無礼を働かぬように宮はきつく申付けた。

玉島の持参した書状は、藤子が使いに立った大総督宮からの返答があるまでは、岩倉軍の発進をしばらく猶予願いたいというもので、玉島は東山道鎮撫総督岩倉具定と弟の岩倉具経とに面会して、十三日に、大総督府の下知があるまでは止まって、逸る官軍は宥めるとのたしかな返答をもらって帰ってきた。この十三日と翌十四日は、勝海舟が西郷隆盛に会っていた日だった。

勝海舟は江戸城開城の立役者である。海舟は主君慶喜を尊敬し評価しており、かつて将軍家茂が病床にあった時は、「関東大奥の御深意、諸有司の赤心、篤と御聞届け遊ばされ、内外上下一致の所を以て」(『海舟日記』)、一同が懇願して慶喜に重大なる大任を引受けてもらうのが尤千万だと考えていた。案に違わずこの期におよんで慶喜は、主戦論が渦巻く江戸城大評議のなかで、「伏見の一挙、指令を失し、計らずも朝敵の名を蒙るに至る。今また辞なし。ひとえに天裁を仰ぎ、従来の落度を謝せん。臣等の激怒、謂れなきに非ずといえども、一戦結んで解けざるに至らば、皇国瓦解、万民塗炭に陥らん。罪を天に得ん」（『幕府始末』）と、日本国、天下国家に思いをはせた。これに応えて海舟は、「ただ国家の安危、万民の塗炭を心とし、報ゆるに誠意をもってし、城渡すべし。土地納むべし。職権天下の公道に処して、家の興廃はただ天に聞く。」（同前）と、江戸城を渡し、所領を返納し、徳川家の興亡は天に任せ、そのタイミングを間違えないようにと発言し、主従は肝胆相照すことができた。

　また海舟は、静寛院宮に一目も二目も置いていた。『海舟日記』の慶応二年七月二十日条に、「私宮の御見、実に驚くべく、大君への御書中、御仁徳を以て万民御撫育在るこそ、御職掌の御当然云々の御事ありと云う。」と、将軍の職掌は仁徳によって万民を撫育することにあるという、和宮の見識に海舟は感心している。これは密かに某から聞いた話であるが決して虚言ではなく、某が感涙して自分に話したのだという。少しもどかしい話ではあるが、宮には一目置いていたことが伺えよう。ところが『海舟余波』になると、家茂の棺に和宮からの手紙が置かれていて、「それ（手紙）を入れようとして、フイト見て、ビックリしたよ。その精神の凛乎たるところというものは、実に驚いた。」とあって「『一旦、徳川氏に嫁した以上は、徳川氏の為に生命をすてる。……』という意味サ。」と書いている。これは海舟の作り話だと考えるが、海舟の和宮への眼差しであったことはたしかである。嫁した徳川家のために力を尽した宮の誠意を、海舟は十分汲み取っていた。

　二月十二日、慶喜は江戸城を出て上野寛永寺中の大慈院に屏居謹慎した。静寛院宮と天璋院は城中に留まり、田安慶頼が護衛の役につき、後に宮の守衛となる松平斉民（確堂）や諸有司が留まって、大久保一翁が万事を総裁することになり、江戸城は城主なき城になった。静寛院宮から徳川家存続の

寛永寺（東京都台東区上野）

取成し方を依頼されていた仁孝天皇の養子でもある輪王寺宮公現法親王は早速上洛の途につき、三月七日、駿府で大総督熾仁親王に面会して慶喜の寛典と征東が止められるよう陳弁した、が、大総督の許すところとはならず、空しく江戸へ引返さざるをえなかった。

山岡・勝、西郷と談判

一方海舟は、皇国の一民である徳川氏の士民は恭順の道を守るが、慶喜の意向を解せぬ数万の士民の「不羈を計る徒」が決起すれば、鎮撫は難しいと憂えていた。三月五日、海舟は、以前西郷隆盛の密命で江戸市中を混乱させた中心人物、益満休之助を同道して西郷に面会に行くという旗本山岡鉄舟に出会った。初対面であったが、海舟はその人となりに感じて、西郷へあてた書状を託した。

書状には、徳川の士民が決起すれば手を下す道がなく、「後宮（静寛院宮）の尊位、一朝此の不測の変に到らば、頑民無頼の徒、何等の大変、牆内に発するべき哉　日夜焦慮す。恭順の道、是より破るといえども如何せむ、その統御の道無きを。」（『海舟日記』）と、不測の変が起これば静寛院宮の尊位は保ちがたくなり、統御の道がないと訴え、「唯、軍門参謀諸君、能くその情実を詳かにし、その条理を正されんことを。」（同前）と要請し、皇国の大幸は一点の不正があれば瓦解する、東征は正か不正か、条理を正されたい、と書かれていた。この書状は西郷の胸に大きく響いたようだった。後日、海舟は「今にも江戸城へ攻め入ろうという際に、西郷は、おれが出したわずか一本の手紙で、芝田町の薩摩屋敷まで、のそのそ談判にやってくるとは、なかなか今の人ではできないことだ。」（『氷川清話』）と、隆盛の人物の大きさに感服して記している。

　三月九日、山岡鉄舟が駿府で西郷隆盛に会った。東帰した鉄舟を海舟が、「沈勇にして、その識高く、能く君上（慶喜）の英意を演説して残す所なし。尤も以て敬服するに堪えたり。」（『海舟日記』）と称賛しただけあって、鉄舟は隆盛を相手に演説して、初めて新政府の徳川家処分の具体的な条件を引出すことに成功していた。それは慶喜の謹慎、江戸開城、海軍の武装解除など七カ条を謝罪条件としたもので、ここで、内々、慶喜の助命と徳川家存続の朝廷の意向が明らかになった。

　次は海舟の出番である。十三日、西郷隆盛と勝海舟は高輪の薩摩藩邸で面会した。海舟は向うから会いたいと言って来たので、官軍と談判を開くことになったのだという。この日は「只だ和宮の事について一言いったばかりだった。（中略）皇女一人を人質に取り奉るといふ如き卑劣な根性は微塵も御座らぬ。此の段何卒安心下されい。その外の談は、何れ明日罷り出でて、ゆる〳〵致しますから、それまでに貴君も篤と御勘考あれと言ひ捨てゝ、その日は直ぐ帰宅した。」（『清譚と逸話』）と、過ぎし日を回顧している。海舟は昨年十二月に、朝廷から非常の場合の静寛院宮保護の特命を受けていたから、ご趣意の貫徹には尽力しようとしたのである。

勝・西郷の会見
結城素明筆「江戸開城談判」部分（明治神宮聖徳記念絵画館蔵）

翌日、再び海舟と隆盛は対談した。海舟は山岡の持ち帰った内意の箇条書に従って書いた、諸有司の歎願箇条書を隆盛に渡し、寛典の処置を求めた。さらに一書を提出して、主家滅亡にあたっての家臣の情を吐露(とろ)しながら、軍門の情理と情実を詳(つまび)らかにした上で、軍事行動に出るのなら出るようにと願った。また、海舟らしく、徳川家への処置が公正で天に恥じるところがなければ朝威は興起し、化育(かいく)（天地自然が万物をつくり育てること）が正しければ諸外国から信用され、和親が固くなるものだと隆盛に話しかけた。隆盛は、「『明日出立、総督府へ言上すべし。また明日侵撃の令あれども』といって、左右の隊長に令し、これを止め、従容(しょうよう)として別れ去る。」（『幕府始末』）ということで、江戸開城は諒解された。

ところでその日、江戸大奥では静寛院宮は、玉島が持ち返った岩倉の返答の趣意を錦小路から田安へ、さらに表方に伝えていた。表方では岩倉軍の先手となっている土佐藩兵が新宿まで進んでいたので、進軍を止めるよう誰を使者に立てるかに困り、また宮に頼ってきた。本来、徳川家の家来である土佐藩へは女使を出すわけにもいかず、宮は広敷用人では如何かと答えたが亥刻（午後十時）を廻ってから、使者を出すに及ばぬ由が伝えられてきた。その時、江戸城へは土佐兵からの「十五日御進撃ニ候間　止候事ハ相成らぬ」の答と、勝海舟と話がつき、「御進撃は御延引の事」と伝える使者とが同時に入っていた。まさに、同時にであった。十五日、表方より大奥へ、新宿の兵隊は「滞陣」していると伝えられた。それからは江戸城の表門を締切り、若年寄などの幕閣は田安邸へ出勤することになった。宮にとっては緊張の日々が続く。

静寛院宮、幕臣を説諭

静寛院宮の女使土御門藤子は、十三日、十四日には橋本実梁と面会していて、十七日の未刻過（午後二時頃）、一通の返書を持ち帰った。宮は藤子の口上の趣を天璋院へ伝え、その上で、万一江戸城立退きとなれば、自分と同居がよいか否かを尋ねた。天璋院は同居したいと答えた。十三代、十四代将軍の御台所は力を合せて徳川家存続のために働きたいと固く思ったようである。翌日、宮は田安に面会し藤子の口上の子細を伝えた。田安が幕臣の説得にまたまた力を借してほしいと念願するので、宮は承知して、徳川の家臣に向けて書付けを出した。

先達仰出され候通　徳川御家名之義は　慶喜恭順之道相立候ハヾ　如何様共寛大の御取計
可レ被レ為レ在旨　大総督宮様御沙汰之由　此程御使ニ立れ候上臈（藤子）東帰致し　伺帰り候間
猶々　当地士民謹慎之道　相守候様遊ばし度　假令　徳川家臣たり共官軍ニ帰順　勤王の者共は
御征伐被レ為レ在候義ニては　決而無レ之由ニ被レ為レ在候間　其返厚心得　慶喜一身の事を彼是

付レ論　只只　神君以来之御家名　相立候様心懸　謹慎相守候ハヾ　神君御始　御先代方への忠節
是に不レ過と思召候ニ付　此程より当地之者共へ　厳敷謹慎仰付られ候（後略）（『日記』）

宮は土御門藤子の情報によって、朝廷の意向を知らせ、恭順謹慎の道をとることが神君家康公以来の徳川家への忠節であり、徳川の家名を守ることになると、意を尽して説得にあたった。三月二十日、朝廷は慶喜の寛大な処分を決定し、勅諚は二十九日に大総督府参謀正親町公董、西四辻公業から渡された。宮自身は二十六日に、早々と江戸城を立退く決心を、側近の藤子、少進、玉島、御年寄仲村にあかしていた。

四月三日、宮のルートから開城の日が知らされた。宮は「何と無天御方（天璋院）江」伝え、田安にも知らせた。が、田安も家来を池上本門寺の官軍の陣営に使者として出し、先鋒両将の入城を知っていた。四日、午刻前（正午前）先鋒総督橋本実梁少将と副総督柳原前光侍従が入城、大広間上段で勅諚を田安慶頼に渡した。朝旨は江戸城を明け渡して、幾つかの条件のもとで徳川家の家名を存続する、慶喜は死罪一等を宥め水戸にて謹慎、というものであった。

七日、静寛院宮と実成院は清水邸へ、天璋院は一橋邸への立退きが治定し、天璋院の宮と同じ屋敷への立退き希望は土御門藤子のとりなしで天璋院を納得させた。九日に宮、続いて実成院が出門して清水邸へ、十日に天璋院と本寿院は一橋邸へ移り、十一日早暁、慶喜は大慈院から水戸へと向い、江戸城の薩摩・長州藩への引渡しが完了した。こうして、宮の次なる任務は徳川家継嗣問題にあったが、海軍に思わぬ問題が起った。

十一日夜、軍艦奉行榎本武揚の指揮のもと、兵士を乗せた軍艦が脱走した。田安はじめ重臣は先鋒総督府へ呼寄せられ、軍艦差上げは勅諚の重要な箇条で徳川家名存続の条件であるのに、脱走とは何事かと厳しく咎められた。またもここで、慶頼に依頼されお咎めなきよう実梁に願うのが宮の役になり、依頼の文を持ってまたも藤子が出かけていった。若年寄（後に陸軍総括）服部綾雄や勝海舟の働きがあって、十六日になると榎本武揚は引戻され、交渉の結果、大総督が軍艦八隻の内四隻の差上げの沙汰を下して一応の結着をみた。しかしこれが、五稜郭の戦いへとつながっていく。

四月二十日、延期になっていた有栖川宮大総督の江戸城入城の知らせが、静寛院宮のもとに入った。二十三日に田安がご機嫌伺いに西の丸に参上し、翌日、宮は朝廷の徳川家に対する寛大な処分に、京都へ出す「御礼文」を書いた。田安、勝、大久保一翁がそれぞれに、江戸の鎮撫に尽力したことを大総督から賞された。そしてこれから、宮は徳川家継嗣に一肌ぬぐことになる。

徳川家の城地・禄高

閏四月七日、天璋院が徳川家継嗣の決定に気をもんでいるので、宮は西の丸から帰る途中の橋本実梁と清水邸で面会し、相続者、城地、禄高の決定の斡旋を依頼した。すると実梁が宮の所存を尋ねたので、宮は継嗣は家茂の遺志に従い田安亀之助を推し、禄高は申し兼ねると答えた。九日、風雨のなか明六ツ時（午前六時頃）二度地震がおきた。宮は有栖川宮大総督の西の丸陣中へ、交肴（進物用の数種類の肴）一折をお見舞に送った（『熾仁親王日記』）。十二日になって、宮は実梁へ禄高についての直書を出した。天璋院は禄高があまり減少しないようにと希望し、田安は困っているので、家臣の扶助が継続できる禄高を望みたい、国替は何卒宥免されたいという内容で、「何卒々御取成の事　御頼申入まいらせ候」（『日記』）と、徳川家と家臣の将来について懇願したのである。

しかし、城地・禄高は容易に決定できず、新政府は副総裁三条実美に徳川家処分の全権を委任し、関東大監察使として江戸へ向わせた。実美は閏四月二十四日江戸城に入って大総督と協議して、二十九日に田安亀之助への相続だけの朝旨を申渡した。五月朔日、亀之助は宮の住む清水邸へ移り、宮の守衛である松平確堂を亀之助の後見にする手続をとった。城地・禄高が気になる天璋院は、薩摩の海江田武次（信義）に直書で依頼していたが取合ってもらえず、ここに至って宮に頼み込んだ。宮は田安からの依頼は断わっていたが、天璋院からとなると仕方がなく、藤子に実梁あての文を持たせた。城地・禄高の決定はむつかしく、実梁は折を見てその筋へ申入れられる様にと返答するのみであった。

ところが、またも事件が起った。徳川慶喜を奉じる尊王恭順有志会が、隊名を彰義隊と改め江戸市中の巡邏の任を与えられていたところ、軍防事務局判事大村益次郎が江戸に入ると、大村は田安慶頼の江戸取締りの任を解いて巡邏の権を官軍に納め、五月十五日、上野の彰義隊の駐屯所を攻撃した。いわゆる上野戦争である。

その前日、寛永寺の徳川家の霊牌を取片付けるよう官軍から達しがあった。田安は静寛院宮を頼って、攻撃の暫時猶予を大総督府へ願ってほしいと依頼してきた。宮は即刻、錦小路と仲村に口上を述べさせ、田安の家来と官軍参謀の間で慌しく交渉が行われ、服部綾雄も早馬で彰義隊の取鎮めにかけつけた。十五日にまたも宮は「進軍御止め」を依頼され、藤子の書取りを添えて参謀へ出したが、しかし時おそく、討伐諸藩隊は進軍してしまっていた。戌刻過（午後八時過）、戦争は終ったが寛永寺の本堂、中堂は焼失、霊屋は残ったものの、輪王寺宮は行方不明と連絡が入った。この公現法親王が奥羽越列藩同盟の盟主に担がれるのは、もう少し後のことになる。

彰義隊は奮戦したが、上野戦争はその日のうちに勝敗が決し、江戸の治安は急速に回復していった。新政府は幕臣の徳川家傳封、所領削減に反抗する力は削がれたものとみて、五月二十四日、徳川家の駿河移封、所領は七十万石にすることを達した。宮は徳川家の江戸在城を願っていたが、この期に至って如何なる歎願も見込みはないと諦めて、勅書を受けた。そして早や、御礼のための上京について考えていた。

徳川家達（田安亀之助）
（福井市立郷土歴史博物館蔵）

徳川宗家を嗣いだ田安亀之助は名を徳川家達と改め、松平確堂を輔佐役に移封の準備に取りかかったが、この六歳の家達を育て家政維持の大任を果したのが天璋院であった。十三代将軍家定の御台所天璋院は、徳川慶喜の東帰後、官軍を薩摩へ還すべきかどうか議されても、江戸に滞ることを希望した。無理に帰されるなら自害すると言い、勝海舟がそれを止めるのに「トウトウ三日かかってようやく納得サ。それはひどい剛情なものサ。」（『海舟余波』）と言わせるだけあって、盛衰をともに徳川家に従う覚悟の女性であった。万延元年（一八六〇）和宮の東下が決まった時、薩摩から天璋院を引取りたいとの内伺（うちうかがい）が幕府に出されていたこともあったという。

だから、田安から徳川家の家禄、城地について、大総督に依頼されたいと頼まれても、宮は「只今左様の事ハ願兼候（ねがいかね）」（『日記』）と断っているのに、天璋院は薩摩の東海道先鋒総督府参謀海江田武次に直書をもって、見込みが少ないにもかかわらず必死で依頼していた。外様（とざま）大名家の出身という出自をはねのけ、十三代将軍の御台所として徳川家を守った類稀（たぐいまれ）なる御方と称えられたのである。その天璋院の姿を目のあたりにして、上京を願う静寛院宮に新たな苦悩が始まった。

終章　後世に「清き名」を残す

孝貞の道をつらぬく

慶応四年（一八六八）五月二十七日、勅使三条実美が清水屋敷へ入来、土御門藤子、少進、玉島の出迎えをうけた。勅使は静寛院宮へ徳川家寛典の勅書を授け、宮の上京についての意向をたずねた。朝廷では家茂薨去の後や大政奉還の前後に上京が計画されたが、政局の急変で実現しないでいた。今回は徳川家の処置が終ったので、宮が上京を願い出ることを促されたのである。上京がはっきり現実性をもつことになり、宮は自分の生き方を自分に問質し、行動に示さなければならなくなった。

宮は思いおこした。慶喜が朝敵の汚名を蒙り、官軍の東進を目前にして、自分が歎願の目的で上京しても、官軍により徳川家が滅亡し、自分一人が安泰であれば、江戸の人びとから「臆病不義」の「汚名」をうけることになる。だから、その時は上京を断った。天璋院は昭徳院殿（徳川家定）の在世中は孝道を尽されたが、その天璋院に不慮のことがあっては、私の亡夫家茂への貞操（正しい品行）

が立たなくなる。末代まで「不義者」と呼ばれたくないので、「御父帝様（仁孝天皇）へ不孝と存候まゝ　左様の場合に至り候ハヾ　死を　潔　致　し候心得に候」（『日記』）と決心したものの、朝敵慶喜と共に身命を捨ては、孝明天皇の玉体を汚すことになる。「孝を立んと致せバ不義に当り　義を致せば不悌（兄に従順でない）に成　誠ニ進退いかゞ致しよろしくや」（同前）と、心底苦しんだではないかと。そして、宮は「後世迄　潔名を残し度候」（同前）と、生まれてきたからは、後世に清き名を残すことこそが、女の一分であると考えた。

「公武一和」によって皇国を攘夷に向わせるために、決意をもって降嫁した和宮であったが、通商条約は勅許され、大政が奉還されて「王政復古」にいたり、静寛院宮となっている現在、宮にとって此の度の「上京」は正念場であった。この頃の宮の相談相手は義理の仲とはいえ、やはり従兄弟の橋本実梁である。宮は内談の文を藤子に書せて、実梁に渡した。

藤子が書いている。仁孝天皇の御廟参拝と徳川家寛典の御礼のため、宮から上京を願い出たいところだが、徳川家の経済が疲弊している折柄、宮からは、上京は願い兼ねると申した方が江戸の人心との居合がよくなると思う。しかし、内実、宮は上京を願っているので、程よく名目を立てて、朝廷より上京を仰出してほしい。さすれば「人気居合」もよろしく、宮も勅令は違えられないので都合がよい、といった内容であった。だが、上京は願わないが、内実上京したい、三条や実梁は宮の内存を取なしてくれるかどうか、それが知りたいなどと、ややこしい文面になっていた。実梁に文意が分り兼ると言われるほど宮は決心がつきかねていて、藤子の文章にその揺れがあらわれていたのである。

六月になって三条実美の意見も聞き、宮は、勅使から上京の沙汰を蒙ったが、亀之助の移封を見届けるまで猶予を願うつもりだと、田安や天璋院に話した。そして熟慮の上、六月十一日宮は決心の程を「布告書」として、藤子をはじめ京都より従った侍女一同に申聞かせた。

「布告書」は、「我苟モ民ノ為二父母一至尊ノ血脈ト生　天下ノ政務ヲ　天子ヨリ御委任被レ為レ在候武将ノ為レ妻身ニテ　此五ノ道（五倫の道）ヲ失候テハ　孝貞トモニ立難ト心得居候得共」（同前）と、まず自尊心の程を述べ、心のなかを諄々と披瀝した。私は早速、御詫びと御礼の上京を果したいが、徳川家一同の安堵を見ずに上京しては節義が立たず、天下衆人の誹謗を受けるのは必定、これでは孝貞の道を欠くことになり、身命を賭して果した素志（朝廷の威光と徳川家の存続をはかる志）も水泡にきすことになる。我一身は節義を守り非命の死をとげようと、長生よりはるかに潔しと決心する。

しかし、薄徳の主に仕え積年の艱難を忍んできた臣（家臣）には不仁・不慈にあたるので、一度は節義を捨て上京を願おうとした。だが、千歳まで不義の名を残しては残念である。孝貞の道を失いたくない。心を正路におき誠心を守り、主従一致の誠意のあるところを天地神明に照覧して頂きたい。惜しみても惜しむべきは、後世の名である。藤子たちも若輩の侍女に教諭してほしい。と今回は上京しないことを明らかにした。

静寛院宮は望郷の念をおさえて、孝貞の道を貫くことを決心し、まず、京都から従ってきた臣にそれを表明して、その上で、十四日に上京の沙汰の猶予を願ったのである。そして二十四日には宮の決意を徳川家の家臣に、「布告」として示し、孝貞の道を貫く姿をパフォーマンスしてみせた。さらに宮は、これからの自分の住処についても思いをめぐらしていく。

後世に恥じない上京

七月十七日、江戸は東京と改められ、九月八日、世は明治と改元された。行政官から近日、天皇の東京行幸との連絡があり、二十日に御出輦と決った。

静寛院宮は潔いことを言っていたものの、帰京にこだわっていた。宮は三条実美の助言も聞き、橋本実麗に本心から相談した。

下向して八カ年、心配の日々を思えばいささかも江戸に住みたいとは思わない。だが道理を以ってすれば、家茂の墳墓の地を離れては不実に思われ、人気（評判）が悪くなる。明後年の父帝（仁孝天皇）の回忌を理由に上京し、逗留しても、いずれは帰東するつもりだとして江戸に屋敷を置いて、女家来に留守をさせ代香させたらとも思う。三条実美は、終には江戸に住めば後世まで恥じる所はないと言っているが、三条に相談して、名聞にこだわり、実意が薄いととられても残念なことだ、と。

さらに、徳川家の表方では、上京と帰東の両途の費用が賄えないため、上京を言い出しかねている。皇威の立つ時節なので自分が上京して、世情を見定めてから再下向も考えるが、実は二度と下向はしたくないと思っている。疑惑の渦巻く世情に危うさを感じるが、天皇の東京行幸の上で、住居の場所を決心したい。天皇の東京滞在中に私が上京すれば、人気には関わらないと思うので、上京を明春に願うつもりであると。宮は率直に思いを述べたが、橋本からは、すでに、行幸までは見合せるようにとの便りが出されていた。それにしても、宮もなかなかの策略家ではないか。

天皇行幸に従って維新の実力者も東京に入り、復権した岩倉具視や三条実美などが、宮の具体的な今後の生活を親身に考えるようになった。一方、天璋院は何かにつけ宮に依存し、宮も天璋院の力になろうとした。当時の天璋院の願いは、これからも東京に住居を拝領し徳川家の菩提(ぼだい)を弔(とむら)いたいこと、有栖川宮大総督に亀之助が東京の静寛院宮邸に住めるように願うことなどで、また扶助金のことまで宮に縋(すが)り、宮は誠実にそれらに応えていた。さらに宮は、輪王寺宮（公現法親王）が、奥羽越列藩同盟の盟主に担(かつ)がれたことを謝罪したので、法親王の進退について願書を出したりもした。しかし、慶喜閉居御免(よしのぶへいきょごめん)の願書は断った。

さて、十一月朔日(ついたち)、静寛院宮は参内し、明治天皇と対面した。その後、三条実美と面会して上京にまつわる話題を話合った。それからは、亀之助は徳川（田安）慶頼(よしより)、松平確堂(かくどう)に付添われて参内を果し、天盃を拝領した。輪王寺宮進退の願書も、弁事役所(べんじやくしょ)に無事に届いた。十二月に入れば、宮の上京掛(じょうきょうがかり)は西四辻公業(にしよつつじきんなる)と決り、岩倉、三条などと上京の実現に向けて細部にわたる詰めの協議が行われた。

十二月二十三日、宮は増上寺(ぞうじょうじ)に伺い家康はじめ徳川家七将軍の霊廟を参拝し、母観行院の位牌(いはい)廟に詣で上京の報告をして、上京の準備は整った。

明けて明治二年正月、宮は上京にあたって、徳川家表方に申付けていた三カ条、すなわち、徳川宗家のための東京屋敷のこと、芝増上寺のこと、輪王寺門跡のことは徳川家重臣へ申渡された。実成院と錦小路に一献遣わし、天璋院邸へ挨拶に行き、道中の警固は黒田藩と決った。

十八日、土御門藤子はすでに出立しており、懸案だった老尼勝光院は病気のために同行せず、卯(う)刻

（午前六時頃）宮の一行は東海道を京都へと向ったのである。この上京で、宮は千金を拝領し、藤子はじめ侍女たちにもお手当が出た。勝海舟は日記に「万事　朝廷にて御賄い成し下され、且、天璋院様へ三千両御送り下され、至厚の御趣意、岩倉殿深情に出ず。」と記している。

貞節の道穏やかに

そして三年がたった明治五年、天皇・皇后はすでに東京の皇居にあり、皇太后も移居になって、十月、静寛院宮は天皇から東京移住を勧められた。翌年十月、今まで辞退していた「二品」に叙せられ、晴れて内親王の位階も定まり、夫家茂の墳墓の地を終の住いにすることは、貞節の道を全することになる、と東行を決心した。宮は明治七年六月二十四日京都を立って、七月八日に東京に着き、居邸として用意されていた麻布市兵衛町（港区）の邸に入った。

それからの宮は、歌道、雅楽などながく嗜んだ文芸の道に勤しみ、皇室、徳川家一門ともに親交を密にした平穏な生活を送ることができた。東京で迎えた明治八年、御会始（歌会始）にこんな歌を詠んだ。

都鄙迎年

玉敷のみやこもひなも（鄙）へ（隔）たてなき　年を迎ふる御代のゆたけさ

明治十年八月、宮は脚気を患い箱根塔の沢へ湯治に赴いた。九月二日衝心の発作が起って、環翠楼で薨去した。享年三十二歳であった。朝廷は神式の葬儀を予定したが、玉島や少進が、宮は昭徳院殿（家茂）の墳域に葬るよう遺言していることを山岡鉄舟に強く申出て、遺言が尊重され増上寺の仏葬と決定した。九月十三日、徳川家達が洋行のため留守心得の松平確堂を喪主として、増上寺で葬儀が行われた。宮の棺が到着すると、葬礼の大砲の音が東京の空に響き渡った。

箱根塔の沢温泉（長崎大学附属図書館蔵）

明治十三年に天璋院は、宮の薨じた箱根塔の沢の高殿を訪れ、追悼の歌を詠み、「むねふさがり　懐旧のなみだ袖をしぼり侍りぬ」と日記に残している（『天璋院日記』天璋院展図録）。慶喜さまは亡くなる年まで毎年九月二日の御命日が来ると、「命の恩人」と宮さまのお墓がある増上寺にお参りしていらっしゃいましたよと、徳川齋子（慶喜の九男、誠の妻）が語っていた（遠藤幸威『徳川慶喜残照』）。

「孝貞の道」を立てた静寛院宮親子内親王の「清き名」は、後の世にまで残るのであろうか。

参考文献

永島今四郎・太田贇雄『千代田城大奥　上・下』岡崎屋書店　一九〇〇年・一九〇二年
高橋幸義『幕末裏面の活動』金港堂書籍　一九一〇年
桑田隨旭『和宮御事蹟』増上寺御蔵版　蔵経書院　一九二一年
淳快下樹『和宮様の御生涯』人文書院　一九三六年
長坂金雄『類聚伝記大日本史　第十五巻』雄山閣　一九三六年
鈴木厚『護国の女神和宮様』大和書店　一九四二年
田中惣五郎『西郷隆盛』吉川弘文館　一九五八年
武部敏夫『和宮』吉川弘文館　一九六五年
＊現代において『和宮』研究の土台になっている。
小西四郎『開国と攘夷』(日本の歴史19) 中央公論社　一九六六年
三田村鳶魚『御殿女中』(三田村鳶魚全集第三巻) 中央公論社　一九七五年
下橋敬長述・羽倉敬尚『幕末の宮廷』平凡社東洋文庫　一九七四年
原田伴彦編『宿場町篇』(都市生活史料集成8) 学習研究社　一九七七年
進士慶幹校注『旧事諮問録――江戸幕府役人の証言』岩波書店　一九八六年
芳即正『島津斉彬』吉川弘文館　一九九三年
朝野新聞編『江戸の下層社会』明石書店　一九九三年

井上勝生『幕末維新政治史の研究』塙書房　一九九四年
藤田覚『幕末の天皇』講談社　一九九四年
田中彰『幕末維新史の研究』吉川弘文館　一九九六年
古川薫『将軍慶喜と幕末の風雲』文藝春秋　一九九八年
佐々木克『大久保利通と明治維新』吉川弘文館　一九九八年
家近良樹『孝明天皇と「一会桑（いっかいそう）」』文春新書　二〇〇二年
井上勝生『開国と幕末変革』（日本の歴史18）講談社　二〇〇二年
佐々木克『幕末の天皇・明治天皇』講談社学術文庫　二〇〇五年
佐々木克『岩倉具視』吉川弘文館　二〇〇六年
高木博志『近代天皇制と古都』岩波書店　二〇〇六年

図録

『皇女和宮』読売新聞社　一九八六年
『皇女和宮——幕末の朝廷と幕府』東京都江戸東京博物館　一九九七年
『江戸城』東京都江戸東京博物館・読売新聞東京本社　二〇〇七年

おわりに

京都御苑の下立売御門(しもだちうりごもん)を入り、「出水の小川(でみずのおがわ)」を東へ越えた所の苑内に「貽範碑(いはんひ)」が立っている。朝彦親王(あさひこしんのう)邸跡に、昭和六年に建てられたものであるが、奇(く)しくもここが帰京した和宮の邸地であった。宮が幼少期をすごした橋本邸は、木々の聳(そび)える庭苑になり、降嫁直前の住いになり、後に姉敏宮(ときのみや)の邸宅となった桂宮(かつらのみや)邸は、現在は宮内庁や環境省の事務職員の住宅地になっているので、京都御苑内に和宮にまつわるものは「貽範碑」の他にはなにもない。やはり、和宮は江戸の人であってよかったと思う。

和宮は、宮中で学んだ宮廷学によって培(つちか)われ、庭田嗣子の薫陶も実を結び、「孝貞の道」を踏みはずさぬ生き方を貫こうとした。男性は後世に名を残すことを生涯の目標にしたが、姫宮の和宮も、清き名を残すことを誇りにしたと察せられる。帰京した和宮は、自分は苦渋をなめたにしろ「孝貞の道」を全うできた。〝やったぞ〟という気分だったのではなかろうか。私はそんな気分の和宮を書きたいと思った。宮は女の一分を持っていたと。

執筆にあたっては全面的に『静寛院宮御日記上巻・下巻』（続日本史籍協会叢書、東京大学出版会発行）

を参考にしているが、本文中の史料の提示は、「静寛院宮御側日記」は「心おほえ」、「静寛院宮御日記」は「日記」と記している。史料で日々を生きる「和宮」の姿を読みとることができる。

筆を終えるにあたって、『和宮』執筆の機会を与えてくださった伊藤之雄京都大学教授をはじめ、ご教示ご指導をいただいた赤井達郎奈良教育大学名誉教授、木村幸比古霊山歴史館学芸課長や、京都市歴史資料館、草津宿街道交流館をはじめとする中山道筋の資料館の先生方に御礼を申し上げたい。また編集部の田引勝二氏はじめ、編集や校正に携って下さった方々に深く感謝する次第である。

平成二十年一月

辻ミチ子

和宮年譜

和暦	西暦	齢	和宮事蹟	朝幕関係	参考事項
弘化　三	一八四六	1	閏5・10橋本実久邸にて誕生。5・16和宮と命名。6・10橋本邸にて養育を迎出さる。9・17箸初の祝。		1月仁孝天皇崩御。2月孝明天皇践祚。閏5月米艦来航。閏5月菊千代（のちの家茂）誕生。8月海防厳戒の勅諭。10月幕府、外交事情を奏上。12月和宮生母橋本経子薙髪、観行院と号す。
四	一八四七	2	12・27髪置の祝。		
嘉永　元	一八四八	3	8・1歳替。12・14色直の儀。		
二	一八四九	4	5・23初めて参内。5・26橋本実久にお預け。		
四	一八五一	6	7・12有栖川宮熾仁親王と婚約。12・9深曾木の儀。		

和暦	西暦	年齢	事項	関連事項	一般事項
五	一八五二	7	11・18有卦入の祝。		9月明治天皇誕生。
六	一八五三	8	11・24紐直の儀。		3月島津一子、篤姫と改名。6月ペリー来航。家慶薨去。7月プチャーチン来航。
安政元	一八五四	9	4・6皇居炎上。賀茂社に避難のち青蓮院に移居（18日帰邸）。12月本年度より年々米一〇石を観行院に贈与。		3月日米和親条約調印。
三	一八五六	11		9・23幕府婚儀支度料を贈進。	7月篤姫、敬子と改名。12月家定、近衛敬子（篤姫）と結婚。
四	一八五七	12	1・28橋本実久死去につき宝鏡寺に移居（5月24日帰邸）。5・14橋本実麗にお預け。12・11鉄漿始の儀。		10月松平慶永ら、一橋慶喜を将軍継嗣にはかる。12月日米通商条約締結を奏上。
五	一八五八	13		2月堀田正睦入京、条約勅許を奏請。3月条約勅許不允許。9月長野主膳、皇女降嫁を献策。10月近衛忠	4月井伊直弼、大老就任。6月日米通商条約調印。6月富貴宮誕生。6月紀伊慶福（のち家茂）、将軍継嗣

年号	西暦	年齢	和宮事項	関連事項	一般事項
				熙、酒井忠義に和宮降嫁策を紹介。9月関白九条尚忠、辞表提出。9月間部詮勝入京。9月安政の大獄起こる。10月九条尚忠の辞表却下。10月家茂将軍宣下。	となる。8月家定薨去。篤姫、天璋院と号す。
六	一八五九	14	4・27明冬有栖川宮に入輿内定。	4・22鷹司政通らに落飾申し渡し。5・25久我建通ら、和宮の家茂に降嫁を内議。	3月寿万宮誕生。8月富貴宮薨去。
万延 元	一八六〇	15	2・23桂宮邸に移居。6・16月見の儀。8・6橋本実麗に降嫁を勧めさせる。8・8降嫁の勧めを固辞。8・15降嫁を承諾し希望五件を申入る。9・14天皇、明春の下向を和宮に諭すが奉承せず。10・5天皇の再度の勧めにより明春の東下を承諾。10・7天皇、和宮に御慰諭の宸翰を賜う。	2・16酒井忠義、家臣を橋本実麗邸に遣わす。2月～閏3月長野主膳、三浦七兵衛に降嫁の周旋を依頼。4・12酒井忠義、幕命により降嫁を出願。5・4天皇、降嫁の請願を却下。5・11酒井忠義、一存にて勅許を再願。5・19天皇再び却下。6・2勝光院、橋本実麗に降嫁賛成を勧める。6・3	3月桜田門外の変。8月徳川（水戸）斉昭死去。11月幕府、プロシア等との条約締結を奏上。

12・25幕府使、和宮の納采の礼を行う。

幕府第二回の請願。6・20天皇、外交措置決定の上、請願すべしと回答。7・4幕府第三回の請願。7・18却下。7・29幕府攘夷を約し、降嫁を切願。8・13天皇、寿万宮を以て和宮に代えんとの思召を示す。8・18天皇降嫁勅許を幕府に内達。8・26有栖川宮の婚儀延期願を聴許。9・5幕府、和宮の明後年の東下の希望を奏承せず、年内の下向を請う。9・19天皇、寿万宮を以て和宮に代えんことを幕府に内達。9・21酒井忠義、天皇の代案を奉承せず。9・26天皇、東下時期の解決を九条尚忠に一任。10・6天皇、明春の東下を幕府

				に達し、条件数項につき確約を求める。10・9幕府降嫁を正式奏請。10・18降嫁勅許。12・1プロシア等との条約締結につき、天皇婚約破談を関白以下に諮問し、朝議東下延期に決める。12・7酒井忠義条約締結につき釈明。12・9天皇、東下延期問題の解決を九条尚忠に一任。12・16和宮附女官等任命。	
文久元	一八六一	16	4・19内親王宣下、名を親子と賜う。4・21橋本邸訪問。4・24石清水社参詣。8・20乗車試乗の儀。9・14修学院出遊。9・23賀茂社、北野社参詣。10・3首途の儀、祇園社参詣。10・7桂宮邸で能を催す。10・	3・2幕府、和宮の東下延期を請う。7・2幕府、9〜10月頃の東下を請う。7・20天皇、東下延期を幕府に下命。7・22酒井忠義、今冬の東下を強請。8・2天皇、幕府に明春上洛の確約を求める。8・5東下の	2月ロシア艦、対馬に来航。3月幕府、仏・蘭・米・英・露五カ国に両都・両港の七年間開港開市延期を要請。5月水戸浪士、高輪東禅寺に英公使らを襲撃。8月幕府、和宮東下沿道の警衛を令す。10月天皇、岩倉

			9橋本実麗ら病により発輿延期を請う。10・15御暇乞参内。10・20京都出発。11・15江戸到着、来る23日の入城を延期。12・11入城の儀。12・13上洛を明後年に延期。	期を10月中下旬に定める。9・10幕府、花園・村瀬らを上京させる。10・17天皇、岩倉具視らに和宮擁護の思召を示す。12・5岩倉具視、大奥の内情を京都に報告。	具視らに国体保全、公武熟和の施策につき老中との折衝を命じる。12月廃帝云々の風評につき、家茂自筆の書を上る。
二	一八六二	17	2・11婚儀。2・18幕府、和宮を御台所と称す。10・25和宮・家茂ら麻疹に罹る。11・23幕府、勅旨により御台所の称を和宮の称に復す。	2・19九条尚忠、田安慶頼に書を送り、和宮の礼遇改正を説く。5・19天皇、勅使大原重徳東下の趣旨を和宮より家茂に伝えさせる。	1月坂下門外の変。4月伏見寺田屋事件。4月島津久光、国事の周旋に当る。5月幕府、将軍の入京を内決。6月勅使大原重徳、幕府改革の勅旨を伝宣。6月関白九条尚忠辞任。7月一橋慶喜を将軍後見職、松平慶永を政事総裁職となす。8月生麦事件。11月勅使三条実美、攘夷督促・親兵設置の勅旨を伝宣。11月安政大獄に坐せる諸藩士を赦免。12

三	一八六三	18	2・24家茂上洛（2月13日出発、6月16日帰府）につき黒本尊に御百度を始める。6・15今秋の上洛延期。8・18天璋院二ノ丸移居につき宮中に差止を依頼。11・7家茂に攘夷断行を勧む。11・15江戸城火災につき吹上に避難。11・17清水邸に移る。11・26田安邸に移る。12・28家茂上洛（27日出発、翌年5月20日帰府）につき黒本尊に御百度を始める。	6・7大奥の要望により家茂の帰府促進を周旋。	月敏宮、桂宮を相続。2月朝廷、攘夷期限の決定を幕府に要求。2月平田門徒、足利三代の木像を曝す。3月天皇、攘夷祈願のため賀茂社行幸。4月天皇、石清水社行幸。5月長州藩、下関海峡通航中の米船砲撃。7月薩摩、英艦隊と交戦。8月八月十八日の政変、大和行幸中止。10月生野の変。
元治元	一八六四	19	7・1西丸殿舎落成につき移居。9・11橋本実麗差控につき亀戸天神に祈願。		7月禁門の変。7月熾仁親王以下多数の宮・堂上が参朝を停められる。8月第一次征長。8月四カ国艦隊、下関を砲撃。

慶応元	一八六五	20	5・3家茂の行軍を見る。5・15和宮の小性ちょう御手かわりに進む。5・17家茂（16日征長発進）の武運を祈り魔利支天に御百度を始める。5・20黒本尊に御百度を始める。6・13日光滝尾権現を祀り、家茂の武運を祈る。7・24観行院の位階昇叙を内願（28日再願）。7・26観行院の病を親問（28日・29日親問）。8・27観行院の碑銘を作らせる。10・8兵庫開港反対を伝え、朝廷の善処を求める。10・12外交方針につき家茂に進言。11・1攘夷の叡慮貫徹を要請。	5・15家茂、田安亀之助を継嗣に内命。	4月天璋院、二の丸に移渉。5月第二次征長。8月観行院薨去。9月四カ国艦隊、兵庫沖に来航。10月条約勅許。
二	一八六六	21	5・12家茂の使命達成を祈願。7・9家茂病気の報が	8・7田安亀之助を慶喜の後嗣に予定。8・18庭田嗣	1月薩長同盟成立。6月第二次征長。7月家茂薨去。

届く。7・10家茂の医療を漢方によらせたいとする。7・16家茂の平癒を祈り黒本尊に御百度を始める。7・24家茂の継嗣に年長の適材を推す。7・27田安亀之助を継嗣にと老中へ申入れる。9・27徳川玄同筆の家茂肖像を書きかえさせる。10・5外人の江戸市中往来、邦人の洋風模倣の禁止、攘夷の実行を慶喜に嘱す。12・9薙髪、静寛院と号す。12・12皇室への忠勤、天璋院への孝養、御所風の遵守を慶喜へ申入れる。12・22天皇疱瘡の報が届く。

子、和宮の帰京を論ず。9月岩倉具視、和宮の帰京を論ず。

9月家茂葬送。11月幕府、洋服の軍服を定める。12月慶喜、将軍宣下。12月孝明天皇崩御。

三　一八六七　22

1・6薙髪の髪先を高野山に納める。5・16駒場野の外人居館の建設中止を要望。

5・8明治天皇、内旨を二条斉敬に下して、和宮の還京を図らせる。6・20これ

1月明治天皇践祚。熾仁親王以下宮・堂上を赦免。5月兵庫開港を勅許。6月薩

年号	西暦	年齢	和宮関係事項	関連事項	一般事項
			6・6兵庫開港勅許につき時勢を二条斉敬に問う。8・22外人調練の状況等を橋本実麗に伝え、善処を求める。10・6外人跋扈の形勢を述べ、天皇に進退を伺う。	より先、帰京に関する朝幕の折衝始まる。12・21朝廷、大久保忠寛、勝安芳に和宮の保護帰京につき依頼。	土盟約成立。9月薩長両藩、討幕の密約。10月倒幕の密勅。大政奉還。11月庭田嗣子死去。12月王政復古。
明治元	一八六八	23	1・15慶喜を引見、開戦の事情をきく。1・21上臈藤子に直書を授けて上京させ、徳川氏のために嘆願（2月30日帰府）。2・12徳川家存続の取り成しを輪王寺宮に依頼。2・16朝廷、徳川家存続の方針を和宮に内示。3・8士民鎮撫の諭告を出す。3・10上臈藤子を沼津の先鋒総督に遣わし、官軍の江戸進撃猶予を歎願。3・11上臈玉島を厥駅の先	4・4勅使江戸城に臨み、徳川家の処分を伝える。12・3朝廷、和宮の帰京を徳川家に達す。	1月鳥羽伏見の戦い。1月慶喜追討令出る。2月慶喜、上野寛永寺大慈院に蟄居、恭順謝罪書を提出。2月東征大総督熾仁親王進発。2月天璋院、官軍隊長に寛典の斡旋を求める。3月五カ条御誓文、西郷・勝会談、江戸攻撃中止。4月官軍、江戸城接収。慶喜、水戸に退去。4月榎本武揚ら脱走。閏4月田安亀之助、宗家相続。5月官軍、彰義隊を撃

			鋒総督に遣わし、官軍の進撃猶予を歎願。4・9清水邸に移居。5・27三条実美、帰京勧告の勅旨を伝える。6・11上京延期を京都より従う女官に諭告。6・14駿河移封完了まで上京の猶予を奉答。6・24女官全員に上京延期を諭告。6・28橋本実麗、内旨により上洛の勅旨奉承を勧める。9・14三条実美、帰京出願を勧める。9・19京住の是非を橋本実麗に諮る。10・25天璋院の住居を斡旋。11・1天皇に対面、帰京につき打合せ。12・23芝山内の徳川家廟所等に参詣。	つ。5月徳川氏を駿河に封ず。7月江戸を東京と改称。10月天皇東京着御。
二	一八六九	24	1・11天璋院を訪問告別。1・18上洛（2月3日京都	3月天皇、東京に再幸。9月慶喜の謹慎を解く。10月

			着、聖護院を仮邸とする）。2・24参内。2・30泉山陵参詣。5・19京住の沙汰がある。8・5住居を栄御殿と称す。	皇后東京に行啓。
三	一八七〇	25	1・25仁孝天皇陵参拝。3・4旧朝彦親王邸を下賜。5・11三条西季知につき歌道を学ぶ。	
四	一八七一	26	3・15修学院に出遊。3・27二品宣下の内旨を辞退。4・4旧朝彦親王邸に移居。7・3家禄千石、化粧料三百石下賜。8・10観行院七回忌法会を修す。	4月英照皇太后、東京に行啓。7月廃藩置県。
五	一八七二	27	8月家茂七回忌代参。9・11賀茂社参詣、橋本実麗別邸を訪問。10・7東京移居内定。	8月学制を制定。9月新橋〜横浜間鉄道開通。
六	一八七三	28	3・20二品宣下。6・7稲	5月皇居炎上。7月地租改

			荷社参詣、宇治遊覧。10・13上御霊社参詣、橋本実麗邸訪問。11・17嵐山遊覧。	正条例布告。9月遣欧大使岩倉具視ら帰国。
七	一八七四	29	6・24東京移居のため京都出発（7月8日東京着、麻布の邸に入る）。9・29観行院墓所参詣。11・12徳川家達を招待。11・29天璋院・本寿院（家定の生母）等を招待。	
八	一八七五	30	1・31天皇・皇后行幸啓。3・17皇太后行啓。6・10徳川家達を招待。8・19朗詠の稽古を始める。9・19観行院一〇年忌につき増上寺において仏事聴聞。10・9徳川邸訪問。10・21箏の稽古を始める。11・27徳川家達・天璋院を招待。	6月讒謗律・新聞紙条例制定。
九	一八七六	31	4・6岩倉具視邸を訪問。	2月日朝修好条約調印。

			4・14徳川家達を招待。5・5天皇・皇后行幸啓。5・18皇太后行啓。6・5徳川邸を訪問。12・1天璋院を招待。		
一〇	一八七七	32	8・7脚気治療のため箱根塔の沢に赴く。9・2塔の沢にて薨去。9・6遺骸帰京。9・13葬儀、芝山内に葬る。		2月西南戦争起る。2月有栖川宮熾仁親王を征討総督に任命。
一六	一八八三		8・27一品追贈。		

(武部敏夫『和宮』(吉川弘文館　人物叢書　昭和四〇年)を基に作成)

な 行

は 行

た　行

か　行

さ　行

人名索引

あ 行

《著者紹介》

辻ミチ子（つじ・みちこ）

1929年　京都市生まれ。
1959年　立命館大学大学院文学研究科修士課程修了。
2000年　博士（文学，立命館大学）。
著　書　『京都こぼればな史』京都新聞社，1986年。
『転生の都市・京都』阿吽社，1999年。
『女たちの幕末京都』中公新書，2003年。
『京の和菓子』中公新書，2005年。
共　著　『京女（きょうおんな）』中公新書，1982年。
『それぞれの明治維新』吉川弘文館，2000年。

ミネルヴァ日本評伝選

和宮（かずのみや）

――後世まで清き名を残したく候――

2008年2月10日　初版第1刷発行
2019年6月10日　初版第2刷発行
〈検印省略〉

定価はカバーに
表示しています

著　者　辻　ミ　チ　子
発行者　杉　田　啓　三
印刷者　江　戸　孝　典

発行所　株式会社　ミネルヴァ書房

607-8494 京都市山科区日ノ岡堤谷町1
電話（075）581-5191（代表）
振替口座 01020-0-8076番

共同印刷工業・新生製本

ISBN978-4-623-05094-9

Printed in Japan

刊行のことば

歴史を動かすものは人間であり、興趣に富んだ人間の動きを通じて、世の移り変わりを考えるのは、歴史に接する醍醐味である。

しかし過去の歴史学を顧みるとき、人間不在という批判さえ見られたように、歴史における人間のすがたが、必ずしも十分に描かれてきたとはいえない。二十一世紀を迎えた今、歴史の中の人物像を蘇生させようとの要請はいよいよ強く、またそのための条件もしだいに熟してきている。

この「ミネルヴァ日本評伝選」は、正確な史実に基づいて書かれるのはいうまでもないが、単に経歴の羅列にとどまらず、歴史を動かしてきたすぐれた個性をいきいきとよみがえらせたいと考える。そのためには、対象とした人物とじっくりと対話し、ときにはきびしく対決していくことも必要になるだろう。

今日の歴史学が直面している困難の一つに、研究の過度の細分化、瑣末化が挙げられる。それは緻密さを求めるが故に陥った弊害といえるが、その結果として、歴史の大きな見通しが失われ、歴史学を通しての社会への働きかけの途が閉ざされ、人々の歴史への関心を弱める危険性がある。今こそ歴史が何のためにあるのかという、基本的な課題に応える必要があろう。評伝という興味ある方法を通じて、解決の手がかりを見出せないだろうかというのも、この企画の一つのねらいである。

狭義の歴史学の研究者だけでなく、多くの分野ですぐれた業績をあげている著者たちを迎えて、従来見られなかった規模の大きな人物史の叢書として、「ミネルヴァ日本評伝選」の刊行を開始したい。

平成十五年（二〇〇三）九月

ミネルヴァ書房

ミネルヴァ日本評伝選

企画推薦
梅原猛
ドナルド・キーン
佐伯彰一
角田文衞

監修委員
上横手雅敬
芳賀徹

編集委員
石川九楊
伊藤之雄
猪木武徳
今谷明
今橋映子
熊倉功夫
佐伯順子
坂本多加雄
武田佐知子
竹西寛子
西口順子
兵藤裕己
御厨貴

上代

*俾弥呼　古田武彦
日本武尊　西宮秀紀
*仁徳天皇　若井敏明
雄略天皇　吉村武彦
継体天皇　若井敏明
*蘇我氏四代　遠山美都男
推古天皇　義江明子
聖徳太子　仁藤敦史
斉明天皇　武田佐知子
*小野妹子・毛人・毛野　大橋信弥
*額田王　梶川信行
弘文天皇　遠山美都男
天武天皇　新川登亀男
持統天皇　丸山裕美子
阿倍比羅夫　熊田亮介
*藤原四子　木本好信
*柿本人麿　古橋信孝
*元明天皇・元正天皇　渡部育子
聖武天皇　本郷真紹
光明皇后　寺崎保広
*孝謙・称徳天皇　勝浦令子
藤原不比等　荒木敏夫
橘諸兄・奈良麻呂　遠山美都男
吉備真備　今津勝紀
*藤原仲麻呂　木本好信
道鏡　吉川真司
*藤原種継　木本好信
*行基　吉田靖雄

平安

*桓武天皇　井上満郎
嵯峨天皇　西別府元日
宇多天皇　古藤真平
醍醐天皇　石上英一
村上天皇　京樂真帆子
花山天皇　上島享
*三条天皇　倉本一宏
藤原薬子　中野渡俊治
*藤原良房・基経　瀧浪貞子
*紀貫之　神田龍身
源高明　所功
*安倍晴明　斎藤英喜
*藤原道長　朧谷寿
*藤原伊周・隆家　倉本一宏
藤原定子　山本淳子
*藤原彰子　朧谷寿
清少納言　三田村雅子
和泉式部　ツベタナ・クリステワ
大江匡房　小峯和明
*阿弖流為　樋口知志
坂上田村麻呂　熊谷公男
*源満仲・頼光　元木泰雄
平将門　西山良平
藤原純友　寺内浩
最澄　吉田一彦
円珍　岡野浩二
*空也　石井義長
奝然　上川通夫
*源信　小原仁
慶滋保胤　吉原浩人
*後白河天皇　美川圭
*式子内親王　奥野陽子
建礼門院　生形貴重
*藤原秀衡　入間田宣夫
平時子・時忠　元木泰雄
平維盛　根井浄
守覚法親王　阿部泰郎
藤原隆信・信実　山本陽子

鎌倉

源頼朝　川合康
*源義経　近藤好和
源実朝　神田龍身
*九条兼実　加納重文
九条道家　上横手雅敬
北条時政　野口実
熊谷直実　佐伯真一
*北条政子　関幸彦
*北条義時　岡田清一
曾我十郎・五郎　杉橋隆夫
北条時頼　山本隆志
北条時宗　近藤成一
平頼綱　細川重男
竹崎季長　堀本一繁
西行　光田和伸
鴨長明　浅見和彦
藤原定家　赤瀬信吾
*京極為兼　今谷明
*兼好　島内裕子
重源　横内裕人
*運慶　根立研介
快慶　井上一稔
法然　今堀太逸
栄西　中尾良信
明恵　西山厚
*親鸞　末木文美士
恵信尼・覚信尼　西口順子
覚如　今井雅晴
*道元　船岡誠
叡尊　細川涼一
*忍性　松尾剛次
*日蓮　佐藤弘夫
一遍　蒲池勢至
夢窓疎石　原田正俊
*宗峰妙超　竹貫元勝

南北朝・室町

後醍醐天皇　上横手雅敬

＊護良親王　新井孝重
＊懐良親王　森　茂暁
＊赤松氏五代　渡邊大門
＊北畠親房　岡野友彦
楠正成　兵藤裕己
楠木正行・正儀　生駒孝臣
＊新田義貞　山本隆志
＊光厳天皇　深津睦夫
足利尊氏　市沢　哲
＊足利直義　亀田俊和
佐々木道誉　下坂　守
細川頼之　亀田俊和
円観・文観　田中貴子
足利義詮　早島大祐
足利義満　川嶋將生
＊足利義持　吉田賢司
足利義政　木下昌規
＊大内義弘　平瀬直樹
伏見宮貞成親王　松薗　斉
＊山名宗全　山本隆志
細川勝元・政元　古野　貢
畠山義就　呉座勇一
足利成氏　阿部能久
世阿弥　西野春雄
雪舟等楊　河合正朝
宗祇　鶴崎裕雄
＊満済　森　茂暁
一休宗純　原田正俊
蓮如　岡村喜史

戦国・織豊

北条早雲　家永遵嗣
＊北条氏政　黒田基樹
大内義隆　藤井　崇
斎藤氏三代　木下　聡
＊毛利元就　岸田裕之
＊毛利輝元　光成準治
＊小早川隆景・秀秋　光成準治
＊六角定頼　村井祐樹
＊今川義元　小和田哲男
＊武田信玄　笹本正治
＊武田勝頼　笹本正治
＊真田氏三代　笹本正治
＊三好長慶　天野忠幸
松永久秀　天野忠幸
＊宇喜多直家・秀家　渡邊大門
＊上杉謙信　矢田俊文
大友宗麟　鹿毛敏夫
島津義久・義弘　福島金治
＊長宗我部元親・盛親　平井上総
浅井長政　長谷川裕子
吉田兼倶　西山　克
山科言継　松薗　斉
＊雪村周継　赤澤英二
正親町天皇・後陽成天皇　神田裕理
足利義輝・義昭　山田康弘

織田信長　三鬼清一郎
織田長益　八尾嘉男
＊明智光秀・秀満　小和田哲男
豊臣秀吉　藤井讓治
豊臣秀次　矢部健太郎
＊北政所おね　田端泰子
＊淀殿　福田千鶴
蜂須賀正勝・家政　三宅正浩
前田利家　東四柳史明
山内一豊・忠義　長屋隆幸
＊黒田如水　小和田哲男
＊蒲生氏郷　藤田達生
石田三成　堀越祐一
＊細川ガラシャ　田端泰子
＊支倉常長　田中英道
千利休　熊倉功夫
＊長谷川等伯　宮島新一
顕如　神田千里
教如　安藤　弥

江戸

＊徳川家康　笠谷和比古
本多忠勝　柴　裕之
＊徳川家光　野村　玄
徳川吉宗　横田冬彦
＊後水尾天皇　久保貴子
後桜町天皇　所　京子
＊光格天皇　藤田　覚
崇伝　杣田善雄

＊春日局　福田千鶴
宮本武蔵　渡邊大門
＊池田光政　倉地克直
＊保科正之　八木清治
シャクシャイン　岩崎奈緒子
＊田沼意次　藤田　覚
＊細川重賢　安高啓明
＊二宮尊徳　小林惟司
末次平蔵　岡　美穂子
＊高田屋嘉兵衛　生田美智子
＊林羅山　鈴木健一
吉野太夫　渡辺憲司
熊沢蕃山　川口　浩
＊山崎闇斎　澤井啓一
山鹿素行　前田　勉
＊北村季吟　島内景二
伊藤仁斎　澤井啓一
貝原益軒　辻本雅史
＊ケンペル　B・M・ボダルト＝ベイリー
新井白石　大川　真
荻生徂徠　柴田　純
＊雨森芳洲　上田正昭
石田梅岩　高野秀晴
白隠慧鶴　芳澤勝弘
前野良沢　松田　清
平賀源内　石上　敏
本居宣長　田尻祐一郎
杉田玄白　吉田　忠
木村蒹葭堂　有坂道子
＊大田南畝　沓掛良彦

菅江真澄　赤坂憲雄
＊鶴屋南北　諏訪春雄
良寛　阿部龍一
＊山東京伝　佐藤至子
＊滝沢馬琴　高田　衛
平田篤胤　山下久夫
国友一貫斎　太田浩司
シーボルト　宮坂正英
本阿弥光悦　岡　佳子
小堀遠州　中村利則
狩野探幽・山雪　山下善也
尾形光琳・乾山　河野元昭
＊二代目市川團十郎　田口章子
伊藤若冲　狩野博幸
浦上玉堂　高橋博巳
＊佐竹曙山　成瀬不二雄
葛飾北斎　岸　文和
酒井抱一　玉蟲敏子
孝明天皇　青山忠正
＊和宮　辻ミチ子
徳川慶喜　大庭邦彦
島津斉彬　原口　泉
横井小楠　沖田行司
＊古賀謹一郎　小野寺龍太
＊永井尚志　高村直助
＊岩瀬忠震　小野寺龍太
＊栗本鋤雲　小野寺龍太
大村益次郎　竹本知行
河井継之助　小川和也

＊西郷隆盛　家近良樹
＊由利公正　角鹿尚計
＊塚本明毅　塚本学
＊月性　海原徹
＊吉田松陰　海原徹
＊高杉晋作　海原徹
＊久坂玄瑞　一坂太郎
＊ペリー　遠藤泰生
ハリス　福岡万里子
オールコック　佐野真由子
アーネスト・サトウ　奈良岡聰智

近代

＊明治天皇　伊藤之雄
＊大正天皇　F・R・ディキンソン
＊昭憲皇太后・貞明皇后　小田部雄次
大久保利通　三谷太一郎
山県有朋　鳥海靖
木戸孝允　落合弘樹
井上馨　伊藤之雄
＊松方正義　室山義正
北垣国道　小林丈広
板垣退助　小川原正道
長与専斎　笠原英彦
大隈重信　五百旗頭薫
伊藤博文　坂本一登
井上毅　大石眞
＊井上勝　老川慶喜

＊桂太郎　小林道彦
＊渡邉洪基　瀧井一博
＊乃木希典　佐々木英昭
星亨　小林道彦
林董　奈良岡聰智
＊児玉源太郎　小林道彦
＊高宗・閔妃　木村幹
山本権兵衛　室山義正
＊金子堅太郎　松村正義
高橋是清　鈴木俊夫
小村寿太郎　簑原俊洋
＊犬養毅　小林惟司
原敬　季武嘉也
＊加藤高明　櫻井良樹
牧野伸顕　小宮一夫
田中義一　黒沢文貴
内田康哉　高橋勝浩
平沼騏一郎　堀田慎一郎
＊鈴木貫太郎　小堀桂一郎
宇垣一成　北岡伸一
＊宮崎滔天　榎本泰子
＊浜口雄幸　川田稔
幣原喜重郎　西田敏宏
関一　玉井金五
水野広徳　片山慶隆
広田弘毅　井上寿一
安重根　上垣外憲一
＊グルー　廣部泉
＊永田鉄山　森靖夫
東條英機　牛村圭
今村均　前田雅之

蔣介石　劉岸偉
石原莞爾　山室信一
近衛文麿　庄司潤一郎
＊岩崎弥太郎　武田晴人
伊藤忠兵衛　末永國紀
＊五代友厚　田付茉莉子
大倉喜八郎　村上勝彦
＊安田善次郎　由井常彦
渋沢栄一　武田晴人
中野武営　佐賀香織
益田孝　鈴木邦夫
山辺丈夫　宮本又郎
武藤山治　阿部武司・桑原哲也
池田成彬　松浦正孝
西原亀三　森川正則
小林一三　橋爪紳也
大倉恒吉　石川健次郎
大原孫三郎　猪木武徳
＊河竹黙阿弥　今尾哲也
イザベラ・バード　加納孝代
＊林忠正　木々康子
＊森鷗外　小堀桂一郎
＊二葉亭四迷　ヨコタ村上孝之
＊夏目漱石　佐々木英昭
徳冨蘆花　半藤英明
巌谷小波　千葉信胤
樋口一葉　佐伯順子
＊島崎藤村　十川信介
泉鏡花　東郷克美
上田敏　小林茂

＊有島武郎　亀井俊介
＊北原白秋　平石典子
菊池寛　山本芳明
芥川龍之介　髙橋龍夫
＊宮沢賢治　千葉一幹
高浜虚子　坪内稔典
与謝野晶子　佐伯順子
＊種田山頭火　村上護
＊斎藤茂吉　品田悦一
＊高村光太郎　湯原かの子
石川啄木　先崎彰容
萩原朔太郎　エリス俊子・栗原飛宇馬
＊原阿佐緒　秋山佐和子
＊狩野芳崖・高橋由一　古田亮
川村清雄　落合則子
＊小堀鞆音　小堀桂一郎
竹内栖鳳　北澤憲昭
黒田清輝　高階秀爾
中村不折　石川九楊
横山大観　高階秀爾
＊橋本関雪　西原大輔
小出楢重　芳賀徹
土田麦僊　天野一夫
岸田劉生　北澤憲昭
濱田庄司　濱田琢司
＊山田耕筰　後藤暢子
松旭斎天勝　川添裕
中山みき　鎌田東二
佐田介石　谷川穣
＊ニコライ　中村健之介

＊出口なお・王仁三郎　川村邦光
＊新島襄　太田雄三
新島八重　佐伯順子
木下広次　冨岡勝
海老名弾正　西田毅
嘉納治五郎　クリストファー・スピルマン
柏木義円　片野真佐子
津田梅子　田中智子
＊澤柳政太郎　新田義之
河口慧海　高山龍三
山室軍平　室田保夫
大谷光瑞　白須淨眞
＊久米邦武　髙田誠二
フェノロサ　伊藤豊
井上哲次郎　井ノ口哲也
三宅雪嶺　長妻三佐雄
＊岡倉天心　木下長宏
志賀重昂　中野目徹
徳富蘇峰　杉原志啓
＊竹越与三郎　西田毅
内藤湖南・桑原隲蔵　礪波護
＊廣池千九郎　橋本富太郎
岩村透　今橋映子
＊西田幾多郎　大橋良介
＊金沢庄三郎　石川遼子
柳田国男　鶴見太郎
厨川白村　張競
＊村岡典嗣　水野雄司

大川周明　山内昌之
西田直二郎　林　淳
*折口信夫　斎藤英喜
シュタイン　瀧井一博
*西周　清水多吉
*福澤諭吉　平山　洋
成島柳北　山田俊治
福地桜痴　山田俊治
*村山龍平　早房長治
島田三郎　武藤秀太郎
田口卯吉　鈴木栄樹
*陸羯南　松田宏一郎
黒岩涙香　奥　武則
長谷川如是閑　織田健志
*吉野作造　田澤晴子
山川均　米原　謙
*岩波茂雄　十重田裕一
*北一輝　岡本幸治
*穂積重遠　大村敦志
中野正剛　吉田則昭
*満川亀太郎　福家崇洋
*エドモンド・モレル　林田治男
*北里柴三郎　福田眞人
高峰譲吉　木村昌人
田辺朔郎　秋元せき
*南方熊楠　飯倉照平
石原純　金子　務
*辰野金吾　河上眞理・清水重敦
*七代目小川治兵衛　尼崎博正

本多静六　岡本貴久子
ブルーノ・タウト　北村昌史

現代

昭和天皇　御厨　貴
高松宮宣仁親王　後藤致人
*李方子　小田部雄次
吉田茂　中西　寛
マッカーサー　柴山　太
鳩山一郎　楠　綾子
*石橋湛山　増田　弘
重光葵　武田知己
市川房枝　村井良太
*池田勇人　藤井信幸
高野実　篠田　徹
和田博雄　庄司俊作
朴正熙　木村　幹
*田中角栄　新川敏光
宮沢喜一　村上友章
竹下登　真渕　勝
*松永安左エ門　橘川武郎
鮎川義介　井口治夫
*出光佐三　橘川武郎
*松下幸之助　米倉誠一郎
渋沢敬三　井上　潤
*本田宗一郎　伊丹敬之
*井深大　武田　徹
*佐治敬三　小玉　武

幸田家の人々　金井景子
*正宗白鳥　大嶋　仁
*大佛次郎　福島行一
*川端康成　大久保喬樹
*薩摩治郎八　小林　茂
坂口安吾　千葉一幹
太宰治　安藤　宏
松本清張　杉原志啓
安部公房　鳥羽耕史
*三島由紀夫　島内景二
井上ひさし　成田龍一
R・H・ブライス　菅原克也
柳宗悦　熊倉功夫
バーナード・リーチ　鈴木禎宏
熊谷守一　古川秀昭
川端龍子　岡部昌幸
藤田嗣治　林　洋子
*井上有一　海上雅臣
*手塚治虫　竹内オサム
古賀政男　藍川由美
*吉田正　金子　勇
武満徹　船山　隆
*八代目坂東三津五郎　田口章子
*力道山　岡村正史
*西田天香　宮田昌明
安倍能成　中根隆行
サンソム夫妻　平川祐弘・牧野陽子
*天野貞祐　貝塚茂樹

和辻哲郎　小坂国継
矢代幸雄　稲賀繁美
石田幹之助　岡本さえ
*平泉澄　若井敏明
*早川孝太郎　須藤　功
安岡正篤　片山杜秀
青山二郎　田野　勲
島田謹二　小林信行
田中美知太郎　川久保剛
前嶋信次　杉田英明
*唐木順三　澤村修治
亀井勝一郎　山本直人
知里真志保　北原治郎太
*保田與重郎　谷崎昭男
石母田正　磯前順一
*福田恆存　川久保剛
井筒俊彦　安藤礼二
佐々木惣一　伊藤孝夫
小泉信三　都倉武之
*瀧川幸辰　伊藤孝夫
式場隆三郎　服部　正
大宅壮一　有馬　学
清水幾太郎　庄司武史
*フランク・ロイド・ライト　大久保美春
*中谷宇吉郎　杉山滋郎
今西錦司　山極寿一

*は既刊
二〇一九年六月現在